文明的微笑

"龙门二十品"特展

河南省文学艺术界联合会
河南省书法家协会 编

河南美术出版社
·郑州·

图书在版编目（CIP）数据

文明的微笑："龙门二十品"特展/河南省文学艺术界
联合会，河南省书法家协会编．— 郑州：河南美术出版社，
2024.4
　　ISBN 978-7-5401-6610-6

Ⅰ．①文… Ⅱ．①河… ②河… Ⅲ．①碑帖－汇编－龙
门县－北魏 Ⅳ．①K877.42

中国国家版本馆CIP数据核字（2024）第080602号

本书编委会

主　　任：方启雄
副主任：李　明　吴　行　米　闹
撰　　稿：刘灿辉　谷国伟　张志亮　赵耀辉

文明的微笑："龙门二十品"特展

河南省文学艺术界联合会
河南省书法家协会　编

出 版 人　王广照
策　　划　谷国伟
责任编辑　王立奎
责任校对　裴阳月
装帧设计　张国友
出　　版　河南美术出版社
　　　　　郑州市郑东新区祥盛街27号（450016）
　　　　　0371-65788152
发　　行　新华书店
制　　作　河南金鼎美术设计制作有限公司
印　　刷　郑州印之星印务有限公司
开　　本　889 mm×1194 mm　1/16
印　　张　10.25
字　　数　130千字
版　　次　2024年4月第1版
印　　次　2024年4月第1次印刷
书　　号　ISBN 978-7-5401-6610-6
定　　价　128.00元

目　录

第一章
『龙门二十品』研究综述

南北朝时期是中国历史上的民族与文化大融合时期。就艺术领域而言，处于一个高速发展的时代。受文化融合之影响，佛教文化在全国范围内广泛传播。佛教艺术亦随之得到了很大的发展，其中，石窟寺艺术尤为突出。举世闻名的敦煌莫高窟、龙门石窟、云冈石窟均在这一时期得到了很大的发展。在南北朝时期，佛教文化真正完成了和中国书法艺术的大融合。而魏碑书法的形成与发展更与此密不可分，魏碑书法包含南北朝时期的造像题记、摩崖刻石、碑刻及墓志等。其中，造像题记在北朝的书法遗存中，具有相当大的比重。以"龙门二十品"为代表的龙门石窟造像题记书法艺术正是在这一时期出现、发展并创造了魏碑书法的经典与高峰。

龙门石窟是中国石窟中古代碑刻题记最多的一处，有古碑林之称，保存有碑刻题记 3860 余品，其中久负盛名的"龙门二十品"及"龙门百品"等，是以魏碑体为代表的中国书法艺术杰作。龙门石窟造像题记中的魏碑书法艺术，是在中原文化与鲜卑文化大融合的背景下，在汉隶、晋楷及北凉体书法的基础上发展演化而来的，更可视为南北朝书风融合与创新之精华，从结构上可概分为"斜画紧结"和"平画宽结"两大类，形成了奇逸开张、劲健质朴、方圆兼备、刚柔并济的独特艺术风格。它上承汉魏隶书韵致，下启隋唐楷书风神，具有多元的书法面貌，是北魏书法艺术的经典、"魏碑"体书法的代表之作。

系统了解和感悟以"龙门二十品"为代表的龙门石窟书法艺术魅力，不仅能了解其在书法史上的重要作用，更能为我们在当代的书法临摹与创新探索中打开新的艺术之门。

一、龙门石窟造像题记产生的历史文化背景

"龙门二十品"从其本质上讲，是龙门石窟造像题记的一个组成部分。"龙门二十品"中的"十九品"位于北魏孝文帝迁都洛阳时期开凿的古阳洞中，另一品《慈香造像记》则位于慈香窟，均为北朝时期魏碑书法艺术的扛鼎之作。

南北朝时期，在统治者的引领下，人们热衷于建寺、造像、开窟。人们为父母或儿女及自身祈福，雕凿佛像，并在造像周围发愿，"所刻题记"即称为"造像题记"。北朝石窟中开凿较早的云冈石窟，始凿于魏文成帝和平元年（460），今存石窟53个，雕像51000多尊。云冈石窟虽颇具规模，但在魏孝文帝迁都洛阳之前，开凿的石窟中造像题记比较少。日本学者水野清一、长广敏雄在1950年所著《云冈石窟》一书中，记述有造像题记三十种、四十七题，但所述题记拓制和流传甚少，文字内容亦不甚多，其中较为重要的有太和七年（483）的《五十四人造像题记》，题刻于云冈石窟第十一窟东壁，题记长78厘米，高37厘米，主题题记计351字。魏碑楷体，通篇浑然天成，质朴自然，其书法魏楷中隶意明显，捺笔尤甚，虽不甚工整，但以意趣取胜。1956年在整修中新发现具有代表性的北朝题记尚有《比丘尼昙媚造像记》，书刻于景明四年（503），其书风已接近于典型的"龙门体"魏碑风格。[1] 另在敦煌莫高窟中，则以壁画和写经蔚为大观。在敦煌莫高窟的492个洞窟中，多见供养人画像题记，多为墨书于壁画之上，今存年代亦多为隋唐及五代之后。

在北朝石窟中最为集中且品格最高、最具代表性的北朝造像题记，当数河南洛阳城南伊阙龙门石窟造像题记。龙门石窟始凿于北魏太和十八年（494）间，即北魏孝文帝拓跋宏于太和十七年（493）迁都洛阳前后，之后历经东魏、西魏、北齐、北周、隋、唐及武周时期、五代、北宋时期均有修建，其中大规模的修建主要集中在北魏和唐代。龙门石窟位于河南洛阳市南伊河两岸，旧称"伊阙"，现存窟龛2137多个，佛教造像97000余尊，造像题记尤多。北宋欧阳修《集古录》即记载了褚遂良所书《伊阙佛龛之碑》，赵明诚的《金石录》亦收录龙门造像两种。关于造像题记之数量，民国二十三年（1934）钱王倬访得龙门石窟造像题记3680种，1950年北京大学图书馆统计所藏龙门造像题记共2100余种，1974年龙门石窟文物所对龙门碑刻进行了普查与拓制，共统计出造像题记2840品，其中北魏时期的题记近千种，堪称北魏书法之碑林。[2]

古阳洞是龙门石窟开凿最早、时代延续最长、内容最丰富的一个洞窟，也是北魏皇室贵族发愿造像最为集中的洞窟。古阳洞为北魏孝文帝为其祖母冯太后营造的功德

[1] 刘灿辉，《佛教与中国书法》，文物出版社，2020年版。

[2] 刘景龙、李玉昆，《龙门石窟碑刻题记汇录》，中国大百科全书出版社，1998年版。

《始平公造像记》原石（附局部）

窟。支持孝文帝改革和迁都的一批王公贵族、高级官吏和僧侣也多于该洞发愿造像。古阳洞内四壁及窟顶雕刻各式佛龛多达1000余个，碑刻题记800余品，是中国石窟中保存造像题记最多的一个洞窟。洞内正壁造一佛二菩萨，主佛高肉髻，面相长圆，身躯较为瘦削，着褒衣博带式袈裟，施禅定印，结跏趺坐于方座上。胁侍菩萨像头戴宝冠，面容清秀，表情文静端庄，姿态优美。古阳洞内四壁及窟顶佛龛琳琅满目，龛楣、背光等处的雕刻精细繁缛，所表现出的礼佛场面、建筑式样及龛楣装饰等图案纹样极富变化，展现了当时绘画和雕刻技巧的高超水平。

龙门造像题记的大量出现，正是北朝佛教造像之风兴盛的结果。北朝造像题记在文化属性上是造像的构成部分，从书法的视域上看则是魏碑书法的主要构成体系之一，体现了佛教文化与书法艺术的完美结合。在这一时期，题记只是作为造像中用于记述、祈福等功用中的一个部分。造像题记中书写者名称之记述甚为稀见，如"龙门二十品"中唯一阳刻的《始平公造像记》，全称《比丘慧成为亡父洛州刺史始平公造像题记》，文中记述"朱义章书，孟达文"；《孙秋生造像记》全称《孙秋生、刘起祖二百人等造像记》，刻于北魏宣武帝景明三年（502）位于龙门石窟古阳洞南壁，记述"孟广达文、萧显庆书"。题记书写者朱义章、萧显庆虽书艺高超，但并未见书法史中有所记载。由此可见，当时的书写者并非想借此在书史留名，而是当时的"善书者"受人之托，书写了造像题记所需记述的文字内容。正是这些北魏时期的"善书者"的日常书写，为我们留下了魏碑书法的精品力作，让我们穿越千年的历史时空，至今仍然可以感受到魏碑书法无穷的艺术魅力。

龙门石窟的开凿及造像题记书刻，兴盛于北魏，在东魏、西魏之后开始走向衰落，直至唐代特别是武则天执政的武周时期又得以复兴。之后，伴随着两宋都城向开封和江南的迁徙，洛阳的帝都地位日益式微，造像题记逐步沉寂并湮没于历史的长河，如同尘封的宝库，期待着新的历史机缘与发现。

二、"龙门二十品"的概念形成与书法价值

清代中晚期碑学日益兴盛，访碑寻古之风盛行。龙门石窟造像题记书法再一次以其独特的书法魅力，出现在清代士大夫的视域之中。其中，黄易（1744—1802）、阮元（1764—1849）、包世臣（1775—1855）、康有为（1858—1927）、关百益（1882—1956）等一批学者在"龙门二十品"的发现、概念形成与文化传播的过程中发挥了重要的作用。

黄易是让龙门石窟造像题记走向近现代书坛的至关重要的人物。黄易与龙门石窟魏碑书法艺术的机缘有着历史的必然性。黄易，字大易，号小松，浙江仁和（今杭州）人。

古阳洞附近外景

元燮等造像龛

他曾官济宁府同知，其父工篆隶，通金石，黄易继父业，以篆刻著称于世。他精于博古，喜集金石文字，广搜碑刻，绘有《访碑图》，并著《小蓬莱阁金石文字》等。

龙门碑刻被黄易访得的具体时间，在其著作《嵩洛访碑日记》中有详细的描述。据《嵩洛访碑日记》记载：

> 二十一日，同秋胜及虚谷乔梓出南郭，渡洛河，谒关忠义陵，极崇丽。游龙门宾阳诸洞，观诸佛像庄严博大，旁多刻字，齐洛州老人佛碑，唐岑文本三龛记，俱刻洞外石壁。……饭临河小阁，望香山如图画。饭毕，循山而南，石壁凿洞，不能数计，登老君洞，观魏齐诸刻。
>
> 二十三日，秋胜虚谷先返偃，余宿龙门镇，视工人广拓诸刻，佛洞多在山半，虚谷欲登最高之九间殿，看张九龄书牛氏像龛刻，力惫未果。余登之，大卢舍那佛像高八丈五尺，石磴宏敞，唐奉先寺基也，大历十年，造卢舍那像大像碑，内侍省功德碑，牛氏像龛记，虢国公残碑，宋丁裕题字，俱刻石壁。[1]

黄易在龙门的访碑和拓碑活动，使得古阳洞内的北魏造像题记艺术走出了沉寂千年的伊阙龙门崖壁，走进了文人士大夫的书斋，其艺术魅力逐步被学界特别是书界发现。

龙门石窟造像题记书法的艺术价值，在清代黄易访碑被重新发现后，受到了清代学者、书法家、理论家阮元、包世臣、康有为等人的极力推崇。阮元在著作《南北书派论》和《北碑南帖论》中提出了重要的"碑学"和"帖学"的概念。将阮元碑学思想发扬光大的是包世臣，他在《艺舟双楫》中将碑学理论进一步完善，在《艺舟双楫》的《历下笔谭》中列举了一系列北碑名品，其文曰：

> 北魏书，《经石峪》大字、《云峰山五言》、《郑文公碑》、《刁惠公志》为一种，皆出《乙瑛》，有云鹤海鸥之态。《张公清颂》、《贾使君》、《魏灵藏》、《杨大眼》、《始平公》各造像为一种，皆出《孔羡》，具龙威虎震之规。《李仲璇》、《敬显儁》别成一种，与右军致相近，在永师《千文》之右，或出卫瓘而无可证验。[2]

从上述列举可知，"龙门四品"中的"三品"《魏灵藏》《杨大眼》《始平公》已经名列包世臣碑学研究视域之中。

龙门石窟造像题记的艺术价值在清代被重新发现后，拓本甚多，先后有"龙门四

---

[1] 黄易，《嵩洛访碑日记》，据国家图书馆藏抄本《黄小松嵩洛访碑日记》。

[2] 包世臣，《艺舟双楫》卷三《论书篇》。

品""龙门十品""龙门二十品""龙门三十品""龙门五十品"等版本之说。其中最为著名并得到一致公认的是"龙门二十品",康有为在光绪十四年（1888）撰写的著作《广艺舟双楫》中,已将"龙门二十品"书法分为几种风格,在书中《余论第十九》评述:

> "龙门二十品"中,自《法生》《北海》《优填》外,率皆雄拔。然约而分之,亦有数体。《杨大眼》《魏灵藏》《一弗》《惠感》《道匠》《孙秋生》《郑长猷》,沈著劲重为一体;《长乐王》《广川王》《太妃侯》《高树》,端方峻整为一体;《解伯达》《齐郡王祐》,峻骨妙气为一体;《慈香》《安定王元燮》,峻荡奇伟为一体。总而名之,皆可谓之龙门体也。[1]

---

[1] 康有为,《广艺舟双楫》卷四《余论第十九篇》。

由上文可知，康有为在《广艺舟双楫》中，不仅明确提及了涵盖"龙门四品"在内的"龙门二十品"，而且赋予龙门造像题记书法独有的"龙门体"之概念。康有为赞叹道："龙门造像自为一体，意象相近，皆雄峻伟茂，极意发宕，方笔之极轨也。"[1]

龙门造像题记在被重新发现后，初期只依靠拓本传播。最早刊印的版本据近所知是民国二年（1913）关百益的线装本《龙门四品》，书中刊印《比丘慧成为亡父洛州刺史始平公造像题记》《孙秋生、刘起祖二百人等造像题记》《杨大眼为孝文皇帝造像题记》《魏灵藏薛法绍造像题记》四品。"龙门四品"成为"龙门二十品"中最具影响力和代表性的四件北魏书法精品。

清末民国以来，特别是在近现代书法史上，碑学书法备受重视和推崇，其中以"龙门二十品"书法为代表的魏碑体在这一时期尤为兴盛，受到黄易、阮元、包世臣、赵之谦、

[1] 康有为，《广艺舟双楫》卷四《余论第十九篇》。

《比丘惠感造像记》原石

一弗等造像龛

《杨大眼造像记》原石（附局部）

康有为、梁启超、李叔同、杨守敬、于右任等金石书法名家的学习与推崇，近现代碑学书法体系之肇兴，打破了数千年来"二王"帖学体系一统天下的局面，展现了魏碑书法的艺术魅力，丰富了近现代书坛的多元审美。

三、"龙门二十品"在书法史及近现代碑学中的重要意义

在书法史的视域中，纵览清代书坛，最为活跃且对后世影响最大的当首推碑学。碑学在清代的兴起，有其深刻的思想文化背景。近现代碑学源于宋代金石学，在明末清初之际，明清之鼎革使当时的部分遗民学者遂将精力转入经史研究之中，金石文字由于具有证经补史的功能而受到学者们的重视。金石学、考据学和文字学日益复兴，而这些学科都和近现代碑学及书法的发展有直

仇池楊大眼爲

夫靈光弗曜大千長夜
是以如來應群緣以□迹
功庸□輔國將軍直閣□□□□□梁州大中正□□
聞國子仇池楊大眼□□□之□次□仁□□
萬□掌震蠆於天路□□□□□□□
於□疏□先皇之明□□□□□□
於□三紛抑雲螭□皇之明□□□□□□
□身挺□群□始□其□□□
□窟覽先□□□□□
遂爲孝文
功示之云尔□武

接的关联。龙门造像题记书法，伴随着乾嘉金石考据学派的兴起而进入人们的视野，又随着书法碑学的肇兴，"龙门二十品"渐被奉为碑学中魏碑书法的代名词。

　　金石学在宋代已启先声，欧阳修《集古录》和赵明诚《金石录》初开碑学整理及记述之先河。清代的碑学运动亦受到宋代金石学之影响。清代碑学兴起的一个重要因素，是清代盛行的访碑活动。清初学者顾炎武（1613—1682）云：

> 余自少时，即好访求古人金石之文，而犹不甚解。及读欧阳公《集古录》，乃知其事多与史书相证明，可以阐幽表微，补阙正误，不但词翰之工而已。比二十年间，周游天下，所至名山、巨镇、祠庙、伽蓝之迹，无不寻求，登危峰，探窈壑，扪落石，履荒榛，伐颓垣，奋朽壤，其可读者，必手自抄录，得一文为前人所未见者，辄喜而不寐。一二先达之士知余好古，出其所蓄，以至兰台之坠文，天禄之逸字，旁搜博讨，夜以继日。遂乃抉别史传，发挥经典，颇有欧阳、赵氏二录之所未具者，积为一帙，序之以贻后人。[1]

　　清代学术的一个重要特点是重在考据，追本溯源。这一精神也反映到了书法审美观上。清初最具碑学思想的书法家傅山（1607—1684）出于力矫元明以来柔媚守旧书风之目的，提出了"宁拙毋巧，宁丑毋媚"的审美理念[2]，对以柔媚为特色的"二王"书法体系审美观发起了挑战。

　　清代金石学家、收藏家阮元在著作《南北书派论》和《北碑南帖论》中，系统地总结分析了魏、晋以来书法的变化，开创性地将书法划分为南、北两大系统，论述了碑、帖的形成及其特点，阮元认为北派才是书法的正传，而北派书法又源于碑石，因此主张学习书法应以习碑为主，首倡碑学。晚清书法对20世纪书法的主要贡献之一，在于它在观念上已为20世纪书法广泛向考古资料汲取营养打下基础。大量的碑刻作品被研究并运用到书法的创新之中，打破了"二王"书法体系千年来独统书坛的局面。清末金石学家叶昌炽在《语石》中评论道："知'二王'之外有书，斯可与论书矣。"[3]

　　在这种思潮的影响之下，包括"龙门二十品"在内的各种汉魏碑刻拓本日益受到书坛重视。杨守敬云："北魏造像，至今存者，盈千累万，其最佳者，有龙门之《始平公》《孙秋生》《杨大眼》《魏灵藏》，谓之'龙门四品'……迩来学北碑者，大抵皆从此入手。"[4]至清末民国时期，龙门石窟造像题记在书法艺术领域……占据了更加重要的地位，正如康有为《广艺舟双楫》所言其时"三尺之童，十室之社，莫不

---

[1] 顾炎武，《金石文字记·序篇》。

[2] 傅山，《霜红龛集》卷四《作字示儿孙》。

[3] 叶昌炽，《语石》卷七《薛绍彭一则》。

[4] 杨守敬，《学书迩言》，文物出版社，1982年版。

高树等造像龛

口北碑，写魏体。"[1]可知龙门造像题记书法在此时已被广泛传播和临习。魏碑书法艺术至今仍然在东南亚，特别是中国港、澳等地区广受喜爱，在匾额、楹联、招牌和包装装潢中，应用十分广泛。

概言之，由"龙门二十品"管窥清代以来碑学对近现代书法的关键性影响，在于碑学本身就是近现代书法中主要流派，碑学书家不断向"二王"体系以外的碑版文字寻找创作的源泉，也给近现代的书法发展以重要启发。除了金石碑刻造像题记等经典碑学元素之外，汉简、帛书、敦煌经卷等虽非传统碑学体系的金石文字，在出土或被发现后不久，便受到书法家的青睐。而首先在书法创作中尝试造像题记的魏碑书法、甲骨文、简牍书法的，大都是清末一些重要的碑学家及学者型书法家，更由此产生了阮元、包世臣、赵之谦、康有为、梁启超、李叔同、罗振玉、杨守敬、于右任等碑学流派的研究者与践行者，形成了近现代碑学与帖学两大书法经典流派与体系。

这种"入古出新"的学术风气，时至今日更为兴盛。当代书坛更以包容开放、传统出新的姿态"百花齐放，百家争鸣"，在碑学和帖学的领域兼容并蓄，涌现了众多优秀的书法作品和理论研究成果。譬如中国书法家协会2023年成功策划举办的"承续：新中国新发现书法主题大展"，立足书法专业学科，以出土考古资料为史料，以文史研究为辅翼，以艺术价值为中心，甄选中华人民共和国成立后新发现的书法范本58件，从殷商甲骨到唐代碑志，时空绵延，诸体臻善，呈现了中国书法书体演变的历史，也记录了历代的人物事件。这些埋藏于地下千年、未进入书法史序列的、具有代表性的新发现，具有较高的艺术价值与学术意义，丰富了书法史，开启了当代书家之创作思路与书写实践，可谓是在当代碑学领域深入发掘古代书法资源的时代价值，"守正创新"的一次卓越的创新实践。

"南有兰亭，北有龙门。"时至今日的"龙门二十品"，在某种意义上，已经不再局限于代言龙门石窟的魏碑书法，而升华成为"碑学"书法的一个代名词，和"帖学"书法的代名词"兰亭"一样，日益成为一种书法文化的象征。

（本章由中国书法家协会书法评论与文化传播委员会委员、河南省书法家协会副主席、洛阳市书法家协会主席刘灿辉撰写）

[1] 康有为，《广艺舟双楫》卷一《尊碑第二》。

元祥等造像龕广

第一章　金石学视域下的『龙门二十品』

"龙门二十品"是龙门石窟北魏时期的 20 件造像题记，其中 19 件位于古阳洞，1 件位于慈香窟。自清代乾嘉以来，随着金石学尤其是碑刻学的兴盛，以"龙门二十品"为代表的"穷乡儿女造像"[1] 开始逐渐得到学者们的关注及认可，尤其是在阮元、康有为等学者的大力推动下，"龙门二十品"开始声名鹊起，成为碑学领域竞相追逐的对象，及至今日，人们对"龙门二十品"的追逐势头依然有增无减。但谈到"龙门二十品"何以有如此盛名，皆言其书法如何如何，未免有失于偏颇。众所周知，"龙门二十品"因金石学而兴起，如今我们再回到原点，从金石学视域对"龙门二十品"进行探讨，势必会对"龙门二十品"有一个更加系统的认知，同时对还原"龙门二十品"书法艺术背后的文化背景有着很大的促进作用。

一、"龙门二十品"各品考察

　　2024 年 1 月 25 日，笔者与龙门石窟研究院美术研究所张东辉先生进入古阳洞，对"龙门二十品"进行了实地考察，所有数据均为此次考察所得。

（一）《孙秋生造像记》
　　《孙秋生造像记》，全称《新城县功曹孙秋生、刘起祖二百人等造像记》（以下简称《孙秋生》），位于古阳洞南壁，高 134 厘米，宽 50 厘米，为螭首碑形，在圭形碑额正中

[1] 康有为著，崔尔平注，《广艺舟双楫注》，上海书画出版社，2006 年版。

文明的微笑：「龙门二十品」特展

在古阳洞实测"龙门二十品"留影

题有"邑子像"3个大字，右侧小字两行，内容为："邑主中散大夫、荥阳太守孙道务。"左侧小字3行，内容为："宁远将军、中散大夫、颍川太守、安城令卫白犊。"题记原石有阴线刻界格，内容由上、下两部分组成，上部为题记正文，通篇13行，满行9字，为孟广达文，萧显庆书。释文如下：

> 大代太和七年，新城县功曹孙秋生、新城县功曹刘起祖二百人等，敬造石像一区，愿国祚永隆，三宝弥显。有愿弟子等荣茂春葩，庭槐独秀，兰条鼓馥于昌年，金晖诞照于圣岁。现世眷属，万福云归，诛轮叠驾。元世父母及弟子等来身神腾九空，迹登十地，五道群生，咸同此愿。孟广达文，萧显庆书。

下部为共同参与造像人的姓名及"景明三年岁在壬午五月戊子朔廿七日造讫"年款，通篇15行，满行30字。

（二）《始平公造像记》

《始平公造像记》，全称《比丘慧成为亡父洛州刺史始平公造像题记》（以下简称《始平公》），位于古阳洞北壁洞口上方，高92厘米，宽40厘米，为螭首碑形，在圭形碑额上阳刻"始平公像一区"两行6字。题记正文文字及界格均为阳刻，通篇10行，满行20字，由朱义章书，孟达撰文。释文如下：

> 夫灵踪□启，则攀宗靡寻；容像不陈，则崇之必□。是以真颜□于上龄，遗形敷于下叶，暨于大代，兹功厥作。比丘慧成，自以影濯玄流，邀逢昌运，率竭诚心，为国造石窟寺；□系答皇恩，有资来业。父使持节、光禄大夫、洛州刺史始平公，奄焉薨，放仰慈颜，以摧躬□，匪乌在□，遂为亡父造石像一区。愿亡父神飞三□，

大和九年十一月使持節司空長樂
王丘穆陵亮夫人尉遲為亡息牛橛請工
鏤石造此彌勒像一區願佛綵掘於
之鄉騰遊无礙之境若存託生之類皆
諸佛即令解脫三塗惡道永絕因趣一切
告累即令解脫三塗惡道永絕因趣一切
界生咸蒙斯福

牛橛等造像龕

古阳洞题刻

智周十地，□玄照，则万有斯明；震慧响，则大千斯曤。元世师僧，
父母眷属，凤翥道场，鸾腾兜率，若悟洛人间，三槐独秀，九棘云敷，
五有群生，咸同斯愿。太和□二年九月十四日讫。朱义章书，孟达文。

　　因为纪年部分残缺，目前学术界对《始平公造像记》的年代，有太
和十二年（488）及太和廿二年（498）两说。

　　（三）《魏灵藏造像记》

　　《魏灵藏造像记》，全称《陆浑县功曹魏灵藏薛法绍造像记》（以
下简称《魏灵藏》），位于古阳洞北壁，高91厘米，宽42厘米，螭首

《孙秋生造像记》原石（附局部）

碑形，圭形碑额上 3 行 9 字，额中间竖题"释迦像" 3 字，字略大于两侧，额左题"薛法绍" 3 字，右题"魏灵藏" 3 字。题记原石有阴线刻界格，正文通篇 10 行，满行 23 字。释文如下：

夫灵迹诞遘，必表光大之迹；玄功既敷，亦标希世之作。自双林改照，大千怀缀映之悲；慧日潜晖，唅生衔道慕之痛。是以应悼三乘之靡凭，遂腾空以刊像，爰暨下代，兹容厥作。钜鹿魏灵藏，河东薛法绍二人等，乘豪光东照之资，阙兜率翘头之益，敢轹罄家财，造石像一区，凡及众形，冈不备列。愿乾祚兴延，万方朝贯。愿藏等挺三槐於孤峰，秀九蕀於华苑，芳实再繁，荆条独茂，合门荣葩，福流奕叶。命终之后，飞逢千圣，神颺六通，智周三达。旷世所生，元身眷属，舍百郭则鹏击龙花，悟无生则凤升道树。五道群生，咸同斯庆。陆浑县功曹魏灵藏。

《魏灵藏造像记》未署雕凿年月，因位于古阳洞北壁最上层第二座，故推测其刊刻时间当在太和、景明间。

（四）《牛橛造像记》

《牛橛造像记》，全称《长乐王丘穆陵亮夫人尉迟为亡息牛橛造像记》（以下

和七年新城縣維那程道起孫龍保衛伯余孫祖德衛　寅曾
秋生新城縣功維那夏侯文德孫洪龍坐孫洪保　俟父
像　一區　顏回維那高伯劉念祖程夕宗衛光樊方　俟父二和
祖二百人等　維那孫鳳起出劉侯成劉靈鳳佰醜衛天念靈
寅多　頌　　維那王永靈起劉雲樂劉樂祖衛仲生衛高
戊　奉能達年　維那賈道柱孫鐵勤孫　三郎王樂國劉衛　馬香
鼓皷於聖昌年卷　維那馮靈慈李芝孫　　孫豐書衛國　　　王
雲歸洪輸疊駕　維那衛之香孫伯　趙標翔　國孫陽　天保馬
毋多弟子等來　維那米法元孫天敬起龍起　少魯火　郭靈顆
九　空迹登十地　維那董少　司馬雙張　光祖美龍　吳龍震兒　崔
生咸同此頌　維那孫俟伯孫　昌劉洪題慶　祖君景珎　尹
維那失安戈上曾秘上官毛郎衛　孫壽之孫石花道成杜李宗子　楊文
　　　　　　　木　　賈　　　禾　趙祖歡宗小　　王又才陶靈珎

简称《牛橛》），位于古阳洞北壁，高67厘米，宽34厘米，为螭首碑形，碑额无字。题记原石有阴线刻界格，通篇7行，满行16字。释文如下：

太和□九年十一月，使持节、司空公、长乐王丘穆陵亮夫人尉迟为亡息牛橛请工镂石，造此弥勒像一区，愿牛橛舍于分段之乡，腾游无碍之境，若存托生，生于天上诸佛之所，若生世界妙乐自在之处，若有苦累，即令解脱，三涂恶道，永绝因趣，一切众生，咸蒙斯福。

《牛橛造像记》，因为纪年部分残缺，学术界对于其年代，有"太和九年（485）"与"太和十九年（495）"两说。

（五）《元详造像记》

《元详造像记》，全称《北海王元详为母子平安造弥勒像记》（以下简称《元祥》），位于古阳洞北壁，高76厘米，宽41.5厘米，螭首碑形，碑额无字。正文9行，满行18字，正文后有小字落款1行。释文如下：

维太和之十八年十二月十一日，皇帝亲御六旌，南伐萧逆。军国二容，别于洛汭，行留两音，分于阙外。太妃以圣善之规，戒途戎旅；弟子以资孝之心，戈言奉泪。其日，太妃还家伊川，立愿母子平安，造弥勒像一区，以置于此。至廿二年九月廿三日，法容剋就，因即造斋，镌石表心，奉申前志。永愿母子长餐化年，眷属内外，终始荣期，一切群生，咸同其福。

维大魏太和廿二年九月廿三日侍中、护军将军、北海王元详造

（六）《一弗造像记》

《一弗造像记》，全称为《步辇郎张元祖妻一弗为亡夫造像记》，位于古阳洞北壁，高11厘米，宽31厘米。题记原石有阴线刻界格，通篇10行，满行3字。释文如下：

太和廿年，步辇郎张元祖不幸丧亡，妻一弗为造像一区，愿令亡夫直生佛国。

（七）《解伯达造像记》

《解伯达造像记》，全称《司马解伯达造像记》（以下简称《解伯达》），位于古阳洞北壁，高12厘米，宽34厘米，通篇14行，满行5字。释文如下：

都绾阙口游激校尉、司马解伯达造弥勒像一躯，愿皇道赫宁，九荒沾泯，父母康延，智登十地，仕达日迁，眷属道场，声求响和，斯福必就，六趣群生，咸

同此愿。太和年造。

（八）《道匠造像记》

《道匠造像记》，全称《比丘道匠为师僧父母造像记》（以下简称《道匠》），位于古阳洞北壁顶部，高 23 厘米，宽 45 厘米，通篇 13 行，满行 7 字。释文如下：

　　大觉去尘，有生谓绝，寻刊处形，则应合无方，升峰由源，思果依本。是以比丘道匠住与妙因，今悟尽性，竭己成心，造像六区，上为皇道更隆，三宝无点，愿师僧父母，魂与神游，宿与慈会，身终百六，视绝三涂，动不远于如来，有气者咸资来业。

《道匠造像记》未署雕凿年月，根据其所处古阳洞北壁窟顶位置，考为太和末年。

（九）《孙保造像记》

《孙保造像记》，全称《北海王国太妃高为亡孙保造像记》（以下简称《孙保》），位于古阳洞窟顶正中，高 39.5 厘米，宽 26 厘米。通篇 5 行，满行 10 字。释文如下：

　　孙保失乡，播越□□，□□历载，终始冥怨，未及免之，不幸早死。今为保造像一区，使永脱百苦。魏北海王国太妃高为孙保造。

《孙保造像记》未署雕凿年月，根据其所处古阳洞窟顶正中位置，考为太和末年。

（十）《杨大眼造像记》

《杨大眼造像记》，全称《辅国将军杨大眼为孝文皇帝造像题记》（以下简称《杨大眼》），位于古阳洞北壁，高 96 厘米，宽 42 厘米，螭首碑形，碑额呈宝塔状圭形，额题"邑子像"3 字。题记原石有阴线刻界格，通篇 11 行，满行 23 字。释文如下：

　　邑主仇池杨大眼为孝文皇帝造像记。夫灵光弗曜，大千怀永夜之悲；□踪不遘，叶生含靡道之忏。是以如来应群缘以显迹，爰暨□□，□像遂著，降及后王，兹功厥作。辅国将军、直阁将军、□□□□、梁州大中正、安成县开国子仇池杨大眼，诞承龙曜之资，远踵应符之胤，禀英奇于弱年，挺超群于始冠。其行也，垂仁声于未闻；挥光也，摧百万于一掌。震英勇则九宇咸骇，存侍纳则朝野必附，清王衢于三纷，扫云鲸于天路，南秽既澄，震旅归阙，军次之行，路迳石窟，览先皇之明踪，睹盛圣之丽迹，瞩目彻霄，泫然流感，遂为孝文皇帝造像一区，凡及众形，罔不备列，刊石记功，示之云尔。武。

比丘慧感造像龛

杨大眼造像龛

《杨大眼造像记》未署雕凿年月，根据题记内容所述杨大眼官职及事迹，推测其当刊刻于景明、正始年间。

（十一）《郑长猷造像记》

《郑长猷造像记》，全称《云阳伯郑长猷为亡父等造像记》（以下简称《郑长猷》），位于古阳洞南壁，高 50 厘米，宽 35 厘米，通篇 8 行，满行 12 字。释文如下：

前太守、护军长史、云阳伯长猷为亡父敬造弥勒像一，一躯。郑长猷为母皇甫敬造弥勒像一躯，一躯。郑长猷为亡儿士龙敬造弥勒像一躯，一躯。郑南阳妾陈王女为亡母徐敬造弥勒像一躯。景明二年九月三日诚讫。

（十二）《比丘惠感造像记》

《比丘惠感造像记》，全称《比丘惠感为亡父母造像记》（以下简称《惠感》），位于古阳洞北壁，高 19 厘米，宽 42 厘米，通篇 12 行，满行 5 字。释文如下：

景明三年五月三十日，比丘惠感为亡父母敬造弥勒像一区，愿国祚永隆，三宝弥显，旷劫师僧、父母、眷属与三涂永乘，福锺竟集，三有群生，咸同此愿。

文后另附有两行文字，内容为："比丘法宁为亡父母造石像一区。"考其字体风格，当为同时刊刻。

（十三）《高树造像记》

《高树造像记》，全称《邑主高树和唯那解伯都卌二人等造像记》（以下简称《高树》），位于古阳洞北壁，高 39 厘米，宽 28 厘米，通篇 10 行，满行 14 字。释文如下：

景明三年五月卅日，邑主高树、唯那解伯都卌二人等造石像一区，愿元世父母及现世眷属，来身神腾九空，迹登十地。三有同愿。高买奴、高恶子、王僧宝、夏侯林宗、高留祖、魏洪度、高乞德、高文成、左芝、高安都、高楚之、高郎胡、司马保、解佰勋、高文绍、高天保、亲英芝、盖定王、张定光、高南征、高昙保、高副、高洛珍、杨洪佰、高思顺、邓通生、高珍保、孙山起、薛文达、高天生。

（十四）《贺兰汗造像记》

《贺兰汗造像记》，全称为《广川王祖母太妃侯为亡夫广川王贺兰汗造像记》（以下简称《贺兰汗》），位于古阳洞窟顶，高 50 厘米，宽 36 厘米，螭首碑形，碑额无字。正文通篇 5 行，满行 10 字。释文如下：

《魏灵藏造像记》原石（附局部）

功
告

景明三年八月十八日，广川王祖母太妃侯为亡夫侍中、使持节、征北大将军、广川王贺兰汗造弥勒像，愿令永绝苦因，速成正觉。

（十五）《太妃侯造像记》

《太妃侯造像记》，全称《广川王祖母太妃侯为幼孙造像记》（以下简称《太妃侯》），位于古阳洞窟顶，高25.5厘米，宽82.5厘米，通篇22行，满行6字。释文如下：

景明四年十月七日，广川王祖母太妃侯，自以流历弥劫，于法喻远，嘱遇像教，身乘达士，虽奉联紫晖，早顷片体，孤育幼孙，以绍蕃国，冰薄之心，唯归真寂。今造弥勒像一区，愿此微因，资润神识，现身永康，朗悟旨觉，远除旷世无明惣业，又延未来空宗妙果。又愿孙息延年，神志速就，胤嗣繁昌，庆光万世，帝祚永隆，弘宣妙法，昏愚未悟，咸发菩提。

（十六）《比丘法生造像记》

《比丘法生造像记》，全称《比丘法生为孝文皇帝并北海王母子造像记》（以下简称《法生》），位于古阳洞南壁，高33厘米，宽37厘米，通篇11行，满行13字。释文如下：

夫抗音投涧，美恶必酬，振服依河，长短交目，斯乃德音道俗，水镜古今。法生侥逢孝文皇帝专心于三宝，又遇北海母子崇信于二京，妙演之际，屡叨末筵，一降净心，悉充五戒，思树芥子，庶几须弥。今为孝文并北海母子造像表情，以申接遇。法生构始，王家助终，凤宵缔敬，归功帝王，万品众生，一切同福。魏景明四年十二月一日，比丘法生为孝文皇帝并北海王母子造。

（十七）《元燮造像记》

《元燮造像记》，全称《安定王元燮为亡祖亡考亡妣造像记》（以下简称《元燮》），位于古阳洞南壁，高25厘米，宽38厘米，通篇13行，满行9字。释文如下：

魏圣朝太中大夫、安定王元燮造。仰为亡祖亲太妃、亡考太傅静王、亡妣蒋妃及见存眷属，敬就静窟，造释迦之容，并其立侍。众彩圆饰，云仙晼然，愿亡存居眷，永离秽趣，升超遐迹，常值诸佛龙华为会，又愿一切群生，咸同斯福。正始四年二月中讫。

解伯达等造像龛

比丘慧成造像龛

《一弗造像记》原石

（十八）《元祐造像记》

《元祐造像记》，全称《齐郡王元祐造像记》，位于古阳洞南壁，高 36.5 厘米，宽 38.5 厘米。通篇 16 行，满行 16 字。释文如下：

夫玄宗冲邈，迹远于尘关；灵范崇虚，理绝于埃境。若不图色相以表光仪，寻声教以陈妙轨，将何以依希至象，仿佛神功者哉！持节、督泾州诸军事、征虏将军、泾州刺史、齐郡王祐，体荫宸仪，天纵淑茂，达成实之通途，识真假之高韵，精善恶二门，明生灭之一理，资福有由，归道无碍。于是依云山之逸状，即林水之仙区，启神像于青山，镂禅形于玄石，缔庆想于幽津，结嘉应于冥运，乃作铭曰：

茫茫玄极，眇眇幽宗。灵风潜被，神化冥通。舟舆为本，旷济为功。德由世重，道以人鸿。超观净境，邈绝尘□。图形泉石，构至云松。□□□□，□□□空。福田有庆，嘉应无穷。熙平二年七月廿日造。

在古阳洞北壁，另有一《元祐造像记》，两者内容及时间完全一样，惜北壁损泐较为严重。陆增祥在《八琼室金石补正》中，曾将此南壁保存完整的视为翻刻，其实不然。

（十九）《慈香造像记》

《慈香造像记》，全称《比丘尼慈香、慧政造像记》（以下简称《慈香》），位于慈香窟西壁主尊南侧下部，高 40 厘米，宽 40 厘米，通篇 10 行，满行 11 字。释文如下：

大魏神龟三年三月廿日，比丘尼慈香、慧政造窟一区，记之。夫零觉弘虚，非体真邃，其迹道建崇，日表常范，无乃标美幽宗。是以仰渴法律，应像营微，福形且遥，生托烦躬，愿腾无碍之境，逮及□恩，含润法界，□□□泽，操石成真，刊功八万，延及三从，敢同斯福。

《牛橛造像记》原石（附局部）

（二十）《马振拜造像记》

《马振拜造像记》，全称《邑主马振拜和维那张子成卅四人为皇帝造像记》（以下简称《马振拜》），位于古阳洞窟顶偏东边，高56.5厘米，宽34.5厘米，为螭首碑形，圭形碑额上题"邑子像"3字。正文通篇9行，满行15字。释文如下：

景明四年八月五日，邑主马振拜、维那张子成、维那许兴族卅四人为皇帝造石像一区。

张引兴、刘苟生、陈野虎、孟游天、陈天起、陈兴族、张伏□、陈显光、陈神欢、袁世标、路天副、路买、吴永洛、马常兴、张天生、张文安、董定贵、董道欢、路平高、罗始龙、马勾郎、董神扶、梁归憘、阳成遵、敬、任买德、陈延达、张欢憘、杨宗胜、孟□□、董□□、陈乐欢。

附：《优填王造像记》

《优填王造像记》，在老龙窝外上方两龛中间崖壁上。高63厘米，宽42厘米，

比丘法生等造像龛

孙秋生等造像龛

原石有阴线刻界格，字大如拳，通篇 4 行，满行 7 字。释文如下：

优填王像北龛，韩曳云等共造供养。优填王像南龛，司徒端等共造供养。

二、"龙门二十品"的刊刻、盗凿及剜剔

（一）"龙门二十品"的刊刻

铭石书迹的产生，一般是经过书丹和刊刻两部分来完成的，然亦有未经书丹，而直接以刀代笔进行刊刻的现象存在。作为铭石书迹重要组成部分的北朝造像题记，因为其个别书法风格过于古朴稚拙，甚至是粗陋拙劣，对于"是否经过书丹这一步骤"的争论尤为激烈。

龙门石窟造像题记作为北朝造像题记书迹的大宗，向来是探讨这一争论的重点所在。

在"龙门二十品"中，《始平公造像记》（孟达文，朱义章书）、《孙秋生造像记》

《道匠造像记》原石

（孟广达文，萧显庆书）因有书丹人署名，能够确定是经过书丹后刊刻完成的。但此两例在整个龙门石窟北朝造像题记中是少有的，而其他没有署名的造像题记是否经过书丹则需要进一步讨论。学术界对这一问题的讨论重点主要集中在"龙门二十品"之一的《郑长猷造像记》上，如宫大中先生认为："《云阳伯郑长猷》朴实大方，不加修饰，它字句重复，文辞不通。'前'字未刻成就废而再刻，全然不顾行次布白的整体效果，字距大于行距，可作横列观，犹如一篇草稿，显然未经书家书丹，而由胆大的刻工随心所欲，捏刀向石，直接刊刻而成。通篇洋溢着稚拙的天趣，有豪放、痛快、粗野之感。"[1]

而华人德先生对《郑长猷造像记》是否未经书丹，由刻工直接捏刀向石，刊刻而成有着不同看法。其通过对《郑长猷造像记》的款式布局、刻工的刻字手法及刻工是否识字等方面的探讨，认为《郑长猷造像记》必定是经过书家书丹后，再行刊刻完成的。[2]

对于华人德先生的观点，笔者在编著的《龙门百品》一书中，予以认同。

其实，要弄清这一问题的关键，首先要探讨的是当时刻工是否识字。龙门石窟的设计者主要是僧侣及将作大匠等群体，但具体的开凿工作则是由工匠群体来完成的。工匠作为一个有着特殊身份的社会群体，虽有高超的技艺，然地位低下，往往世传其业，且不得改行。北魏太武帝太平真君五年（444）正月庚戌曾下诏书："自顷以来，军国多事，未宣文教，非所以整齐风俗，示轨则于天下也。今制自王公已下至于卿士，其子息皆诣太学。其百工伎巧、驺卒子息，当习其父兄所业，不听私立学校。违者师身死，主人门诛。"[3]百工的子弟只能学习其父兄的技艺，并从事对应的行业，不能读书，违反者，将会受到身死门诛的严厉惩罚。这就决定了开凿石窟的工匠难以识字，在刊刻造像记时不可能"未经书丹，由刻工直接捏刀向石，刊刻而成"。

[1] 宫大中，《"龙门二十品"及其相关问题的再思考》，《中国书法》，2012年第3期。

[2] 华人德，《分析〈郑长猷造像记〉的刊刻以及北魏龙门造像记的先书后刻问题》，《书法世界》，2003年第3期。

[3] 魏收等，《魏书》，中华书局，1974年版。

《马振拜造像记》原石

相较于"龙门二十品"，在龙门石窟造像记中还有一类字口斑驳、刻制潦草荒率的造像记，如《恶奴造像记》（又名《刘青玉造像记》），一直以来，它也被认为是未经书丹直接刊刻而成，但实际上可能是因为书写较为随意，加上工匠在刊刻时用单刀刻法造成的。

启功先生在《论书绝句》中写道："题记龙门字势雄，就中尤数始平公。学书别有观碑法，透过刀锋看笔锋。"[1] 亦可说明在启功先生眼中，龙门石窟造像记也是经由书丹后再刊刻成的，只有这样，"透过刀锋看笔锋"才能成立。

当然，若全面考察古代碑刻，具有识文断字能力的工匠直接以刀代笔和具有雕刻技艺的上层知识分子捉刀刊刻的情况都是存在的，只是目前在龙门石窟造像题记中尚缺少证据而已。

（二）"龙门二十品"的盗凿

龙门石窟自开凿至今，走过了 1500 多年的岁月更替，既历经了"三武一宗"灭佛毁法事件中的后三次，又受到风吹日晒雨淋的自然侵蚀和人为破坏。元代文学家萨都剌在《龙门记》中写道："然诸石像旧有裂衅，及为人所击，或碎首，或损躯，其鼻、其耳、其手足或缺焉，或半缺、全缺。金碧装饰悉剥落，鲜有完者。"[2] 到了近现代，龙门石窟的人为损毁更为严重。20 世纪上半叶，很多海外学者踏足龙门石窟进行考察，并拍摄了大量照片，回国后整理成书发表。这些图书的发行，虽然为我们保存下来了珍贵资料，但也成为海外古董商们按图索骥盗凿劫夺龙门石刻文物的寻宝图。

1928 年，关百益将法国学者沙畹于 1907 年所摄照片对照相应洞窟后说："伊阙雕像之有摄影，以沙氏此行为最早，其时石佛尚未遭废毁，龙门真面目巍然独存。共和以来，毁佛凿字无虚日。以今日与之相较，凡图中完整之像，十已不存一二。……遥忆曩日监拓全山时，某处佛头不存，而此图犹存，某处文字被凿，而此图未凿，历验十数处皆然。"[3] 由是可见龙门石窟遭毁坏的惨状。

相对于造像佛头的大量盗凿，造像题记的盗凿数量虽不太大，然皆是精品。罗振玉在《石交录》中列举了《仙和寺尼道僧略》（永平四年）、《安定王》（永平四年）、《刘洛真》（延昌元年）、《比丘慧畅》（正光三年）、《李兴》（建义元年）等北魏造像题记，以及唐《薛仁贵造像记》，皆被盗凿，流落各处。

"龙门二十品"作为龙门石窟北魏造像题记中的精品，亦不可避免地遭到人为损毁。据吴桂洁在《解放前有关龙门石窟的见闻片段》中说："曾炳章为了取得大量拓片，

[1] 启功著，赵仁珪注释，《论书绝句（注释本）》，生活·读书·新知三联书店，2002 年版。

[2] 杨光辉，《萨都剌佚作考》，《文献》，2003 年第 3 期。

[3] 关百益，《伊阙石刻图表》，河南博物馆出版，民国二十四年版。

元祐寺造像龕

孙保等造像龛

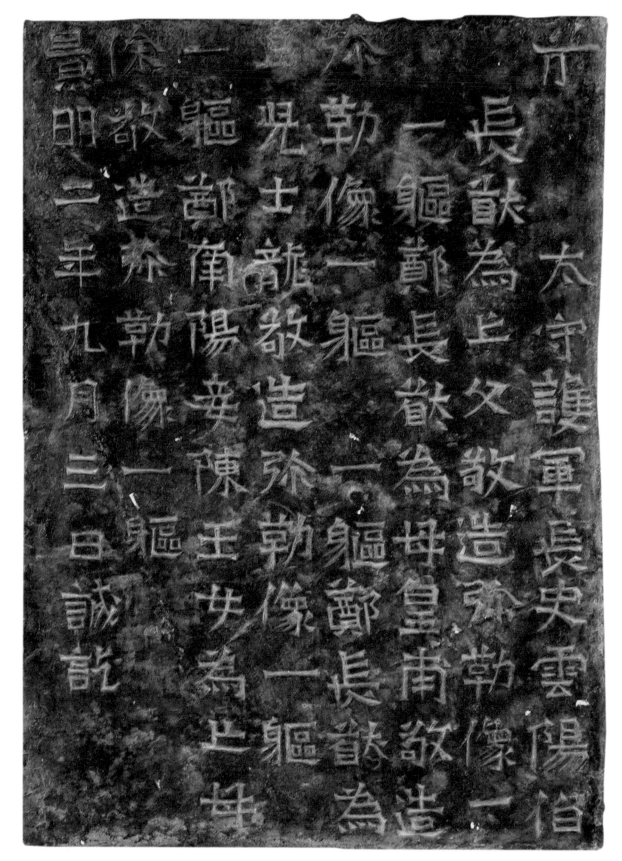

《郑长猷造像记》原石

凭借官府势力，广集木材，在各主要石窟内，高搭架子，经年累月从事搜集拓印。……城内碑帖商人见有机可乘，纷纷向监事人行贿，利用官方所搭木架，常常进行拓印。本来拓印就易损毁文字，更加商人丧心病狂，每拓一次，就故意损毁数字，以便抬高拓片价值。被破坏最重的《司马解伯》竟达五分之二，《魏灵藏》达十分之六七，真是可惜可恨！"[1]

对于《魏灵藏》《解伯达》的被凿毁，根据民国中央古物保管委员会委员、地质学家袁同礼在1934年对龙门古物被盗情况的调查报告中说："9月22日夜12时，复有二三十名土匪，全副武装，拟从事大规模之盗窃，旋为驻军保安第六团所击退，但《魏灵藏》已被毁坏。"[2]

另，据著有《洛阳出土石刻时地记》的古董商郭玉堂说："龙门二十品之解伯达，二十三年（1934）春被匪盗取，小百品之强弩将军亦被匪寻之。二十五年（1936）夏，二十品之魏灵藏，龙门之拓帖工人多拓二百份，将石破坏之。"[3]此外，据龙门附近郜庄的马宪良说："魏灵藏是司马街土匪常保山领着打的。常保山说他东关有个朋友（马龙图），要二十品中的魏灵藏。"[4]郜庄韩景德说："在民国十九年或二十年，不知是谁打解伯达上头的像，把解伯达打坏了。我以后拓字画还用石灰补过。"[5]刘景龙在《龙门石窟的造像艺术与题记书法》一文中说："1935年，洛阳市郊距龙门石窟一公里多的郜庄村农民拓印者韩和德等人为独霸版权，牟取暴利，深夜架梯对《魏灵藏》及左上方相邻的《解伯达》二品进行大量拓印之后，遂将二品凿毁大部。"[6]以上各人说法虽略有出入，但可以肯定的是，"龙门二十品"中的《解伯达》《魏灵藏》二品至迟在1936年夏以后皆已受损，从此，"龙门二十品"成了碑帖收藏鉴赏中的一个残本。

（三）"龙门二十品"的剜剔

剜剔，又称剜洗或洗碑，是金石碑帖鉴定的专用名词。古代碑刻因年久风化剥泐或人为磨损，后人依据旧画加以剜剔，可以使其笔画趋于清晰。但一经剜剔，碑刻字画精神难免大为逊色。

晚清著名金石收藏家陈介祺在《簠斋传古别录》中谈到剜剔之法时说："剔字之弊，刀剔最劣，既有刀痕而失浑古，其损字之原边尤甚，全失古人之真而改为今人心中所有之字……铜丝刷剔亦损字边，损斑见骨，去铜如错，古文字之一劫也，俗子以其易

[1] 赵振华，《龙门石窟的盗凿》，《中国书法》，2012年第3期。
[2] 晁会元，《新编龙门百品》，中州古籍出版社，2014年版。
[3] 赵振华，《龙门石窟的盗凿》，《中国书法》，2012年第3期。
[4] 赵振华，《龙门石窟的盗凿》，《中国书法》，2012年第3期。
[5] 赵振华，《龙门石窟的盗凿》，《中国书法》，2012年第3期。
[6] 刘景龙，《龙门石窟的造像艺术与题记书法》，《中国书法》，2012年第3期。

见字，每为之，谬之甚矣……"[1]

虽然剜剔会对碑石文字造成损伤，使其失去原始风采，但历来拓工为了得到字画清晰的拓本，对碑石的剜剔是无可避免的，举凡书法史上著名的碑刻，大都经历过被剜剔的命运。"龙门二十品"当然也不例外。

"龙门二十品"的剜剔，尤以《始平公造像记》为甚。《始平公造像记》因是阳文减地刻，且减地较浅，最初拓本文字周边会有黑色麻点痕迹，大概在道光年间，碑贾为使拓本文字清晰，对字口周边麻点进行了铲除，导致字画的锋棱处大不如前。同时也使《始平公造像记》形成了"未铲底本"与"铲底本"两种不同的版本。

除了《始平公造像记》，经仲威先生的考察研究，发现"龙门二十品"中的《孙秋生造像记》《元详造像记》《一弗造像记》《郑长猷造像记》《比丘惠感造像记》《比丘法生造像记》《元祐造像记》《慈香造像记》诸品个别文字均经历过剜剔，并认为："'龙门二十品'上出现的'剜剔'，有些类似于出土青铜器铭文，笔者认为还是椎拓过多，导致铭文表面旧有的侵蚀痕、凸出的石质痕迹遭到磨灭，字口里旧有的封土因频繁椎拓而逐渐带走，因此，有无'剜剔'是'最初集拓本'区别于其后拓本的一个关键点。"[2]

（四）"龙门二十品"传拓简史

传拓，是以宣纸紧覆在金石器物的表面，然后用墨将器物上的文字或纹饰印到宣纸上的一种特殊技艺，是照相术发明之前，中国古代石刻文字传播的主要方式之一。我国的传统传拓技艺源远流长，据《隋书·经籍志》记载："又后汉镌刻七经，著于石碑，皆蔡邕所书。魏正始中，又立三字石经，相承以为七经正字。……其相承传拓之本，犹在秘府，并秦帝刻石，附于此篇，以备小学。"[3]另据其他传世文献记载和有关学者考证，我国的传拓技艺应是滥觞于东汉未年，历经魏晋南北朝，至隋唐时期已经是非常成熟的技术。如今所见实物拓本，以清末敦煌发现的唐太宗书《温泉铭》石刻拓本为最早，后有永徽四年唐人手写题记，便是最好的物证。

"龙门二十品"的名声大噪及广为流传，虽然与碑学的兴起及康有为等金石学者的推动有着密不可分的关系，但不可忽视的是，这一切都是建立在"龙门二十品"拓片的广为流传上的。"龙门二十品"的传拓，主要由两个阶段组成，第一阶段是在同治九年（1870）"龙门二十品"正式形成前的一段时期，这一阶段的传拓对象主要是以《始平公》为代表的个别单品及《龙门四品》《龙门十品》。第二阶段则是从同治九年（1870）以后"龙门二十品"正式形成后的整体集拓为主。随着光绪十七年（1891）

[1] 陈介祺，《簠斋传古别录》，新文丰出版公司，1986年版。

[2] 仲威，《龙门石窟造像题记廿品》，文物出版社，2019年版。

[3] 魏徵等，《隋书》，中华书局，1973年版。

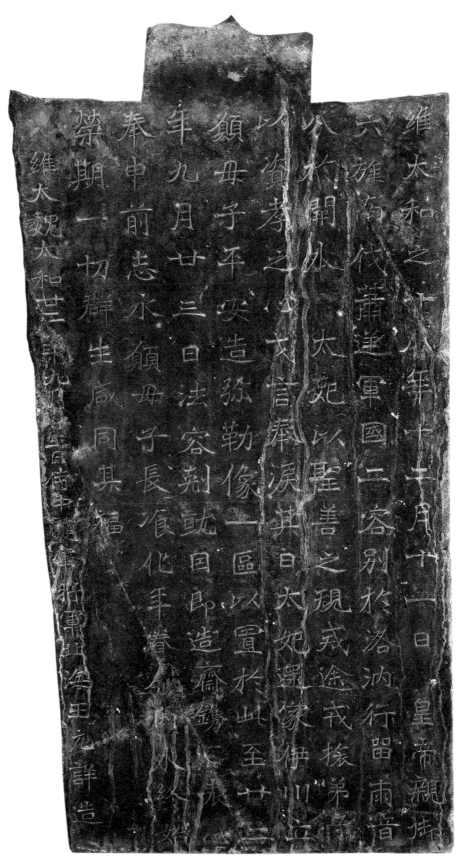

維大魏太和廿二……侍中……撫軍……淪王元詳造

榮期一切輝生咸同其福

奉申前志永頹母子長食化羊巷

年九月廿三日法容刟武回郎造廱鐫二

頤母子年女造弥勒像一區以置於此山至廿二

以資孝之心戈首罪淚其曰太妃還家伍

以於開从太妃以星善之現戎途戎捴第

六旌南伐蕭遵軍國二容別於洛汭行留雨音

維太和之二十二年十一月十一日皇帝親御

《元详造像记》原石

马振拜等造像龛

郑长猷等造像龛

《高树造像记》原石

康有为《广艺舟双楫》的刻印，将以"龙门二十品"为代表的龙门石窟北魏造像记提升到"龙门体"的高度，此举直接将"龙门二十品"拓片推到了炙手可热的地步。"龙门二十品"的传拓数量激增，并在20世纪上半叶，形成传拓的高峰。下面根据文献记载中对"龙门二十品"的具体传拓活动，试对"龙门二十品"的传拓作一简单梳理。

乾隆五十四年（1789），武亿在《洛阳龙门诸造像记》中说："伊阙傍崖自魏齐暨唐以来造像题名多不能遍拓，好奇者辄引为憾，今岁正月，汤亲泉、赵接三两君独手拓二十余种寄余，其文多俚俗之词，无可存，余摄其略为著于篇。……熙平二年七月二十日一文，内有'持节、督泾州诸军事、征虏将军、泾州刺史、齐郡王'，诸衔名字。"[1]根据《洛阳龙门诸造像记》的记载，此次拓印的二十余种中，有《元祐造像记》一件。

嘉庆元年（1796），黄易带拓工至龙门石窟架高台拓碑。据黄易《嵩洛访碑日记》记载："视工人拓龙门诸刻，山僧古涵精摹拓，亦来助力，……老君洞顶之刻，架木高危，架木而仍不可拓取，叹息而已。"[2]另据，罗振玉《石交录》云："黄氏最初只拓北魏《始平公造像记》一品。"[3]今国家图书馆藏有《始平公造像记》嘉庆初拓本。

道光十九年（1839），刘喜海拓存造像900余件，著有《嘉荫簃龙门造像辑目》。国家图书馆藏《始平公造像记》（嘉庆初拓本）上有咸丰八年（1858）钱松题记："此龙门石刻之冠于当世者也，刻中之阳文，古来只此矣。层崖高峻，极难椎拓，至刘燕庭拓后无复有问津者。"[4]

同治九年（1870），德林募工传拓古阳洞北魏造像记，并遴选出《龙门十品》。在古阳洞南壁刊刻有拓碑题记，文曰："大清同治九年二月，燕山德林祭告山川洞佛，立大木，起云架，拓老君洞魏造像，选最上乘者，标名《龙门十品》，同事者释了亮，拓手释海南，布衣俞凤鸣。《孙保》《侯太妃》《贺兰汗》《慧香》《元燮》《大觉》《牛橛》《高树》《元详》《云阳伯》。"[5]

根据前文叙述，在同治九年以后，"龙门二十品""优填王本"正式形成。到了宣统年间，金石学者方若以魏刻《马振拜》替换唐刻《优填王》，又形成了"龙门二十品""马振拜本"，见于文献记载的对"龙门二十品"整体集拓活动，也主要以"马振拜本"为主，集中在20世纪上半叶，根据时间排序如下：

1917年夏，许同莘遍访龙门诸窟后说："老君洞在万佛洞南，碑贾架云梯以拓石刻，

[1] 武亿著，高敏、袁祖亮校点，《授堂金石跋》，中州古籍出版社，1993年版。

[2] 黄易，《嵩洛访碑日记》，新文丰出版公司，1986年版。

[3] 罗振玉，《石交录》，己卯年自印本。

[4] 笔者根据国家图书馆《始平公造像记》（嘉庆初拓本）图版进行抄录。

[5] 此则内容为笔者在古阳洞实地考察时抄录。

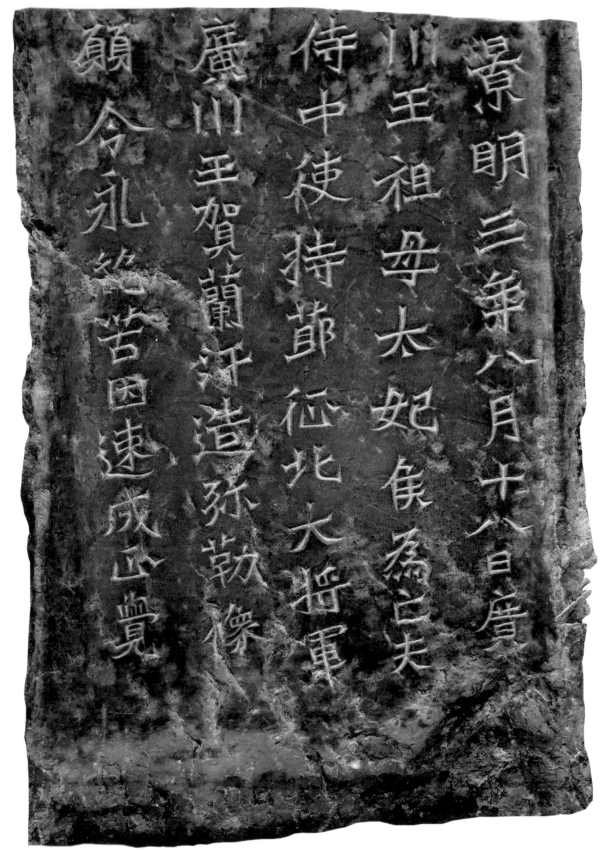

景明三年八月十八日廣
川王祖母太妃侯為亡夫
侍中使持節都征北大將軍
廣川王賀蘭汗造彌勒像
顏令永絕苦因速成正覺

《贺兰汗造像记》原石

拓工食宿于此。"[1] 这时，"龙门二十品"已经成了各大碑帖铺的畅销商品，如洛阳城内的四德堂碑帖庄门口，已经有了为"龙门二十品"单独制作的招幌。

1933 年，倪锡英在《洛阳游记》中写道："在一个很高的山壁前，有一个小洞，望进去，黑黢黢的一片，壁上嵌着许多石碑，有几架竹梯靠着碑面上，有些贴着白纸，是预备墨拓下来的。"并记录了当时"龙门二十品"的拓片价格是一块钱一套，经过砍价，一块钱两套也卖。[2]

洛阳四德堂碑帖铺 1920 年老照片

1934 年，李健人在《洛阳古今谈》中谈到关于打拓"龙门二十品"时说："碑碣多刻在高处，拓之不易。每年春间，工人架木高危，铺纸捶拓，仰视之，摇摇欲坠。今洛阳市上多有卖处。"[3]

据赵振华先生于 1991 年 12 月 24 日在千唐志斋对洛阳孟津小梁村老拓工石庚寅的访问记录，石庚寅回忆："民国 25 年（1936），我 18 岁，在千唐志斋打拓片。外面来人叫我去龙门打二十品，那是龙门附近的郜庄和龙门街的十几个人合伙，花一千块现洋的代价包打二十品三个月。包股份的股长把木架子在魏字洞里搭好，找人去拓。那年春天，我们七八个挣工钱的匠人上去拓。那个洞又叫古阳洞，里面有 19 块碑，还有一块叫《慈香》，在小窑里头。二十品拓片卖两毛钱一套，他们给我 50 套顶工钱，我卖了十块钱。"[4] 据此可以推算，仅 1936 年石庚寅参与传拓的三个月里，"龙门二十品"的传拓数量就要超过 5000 套。

民国时期，在原石拓本广泛流传的同时，"龙门二十品"的印刷出版物也开始出现，如艺苑真赏社珂罗版影印本《龙门造像廿品》，有正书局石印本《龙门廿品》等。

中华人民共和国成立后，龙门石窟开始得到逐步保护，对"龙门二十品"的传拓也渐趋停止。

见于记载的有，20 世纪 70 年代初，龙门文物保管所雇佣韩姓拓工，拓了一批"龙门二十品"。[5]

另据宫大中先生言，1963 年 7 月，中央美术学院美术史美术理论系师生 23 人在龙门石窟暑期实习，测绘皇甫公窟、魏字洞与极南洞。他本人利用午休时间，从美术考古的视角，试拓了"龙门二十品"中的《尉迟》《慧成》（《始平公》）阴阳二刻。[6]

[1] 晁会元，《新编龙门百品》，中州古籍出版社，2014 年版。

[2] 倪锡英著，张颐青整理，《洛阳游记》，中国青年出版社，2012 年版。

[3] 李健人，《洛阳古今谈》，洛阳印刷发行，民国二十四年版。

[4] 赵振华，《龙门石窟的盗凿》，中国书法，2012 年第 3 期。

[5] 宫大中，《关于〈尉迟造像记〉原拓与原碑的思考》，《中国书法》，2016 年第 8 期。

[6] 宫大中，《关于〈尉迟造像记〉原拓与原碑的思考》，《中国书法》，2016 年第 8 期。

1974 年，国家文物局下达文件，明令禁止在"龙门二十品"原碑上椎拓，以保护这些作为国宝的造像题记。

此外，坊间尚传有 20 世纪 80 年代拓"龙门二十品"，以及 2000 年龙门石窟申遗前拓"龙门二十品"的说法，因未见官方公开资料，未知具体情况如何，在此聊为一记。

三、"龙门二十品"的历史定位及学术价值

"龙门二十品"是伴随着金石学的兴起，在众多学者的共同推动下，从龙门石窟 3680 种造像记中凝结出的一滴仙露，是龙门石窟造像题记集大成的精华所在，代表了整个北朝造像题记的最高水平，尤其是在以康有为为代表的碑学家们的推动下，"龙门体"几乎成了魏碑的代名词。但不可否认的是，自乾嘉以来，"龙门二十品"所取得的极大声誉，基本都是建立在书法学领域的。这种现象的产生，与乾嘉以后以"证经补史"的传统金石学向书法学的分化有着很大的关系。阮元在《北碑南帖论》的开篇便写道："古石刻纪帝王功德，或为卿士铭德位，以佐史学，是以古人书法未有不托金石以传者。"[1] 可看作是金石学由史学向书法学分化转变的一个标志。尽管经过分化，书法学得到了大部分金石学者及书法家的重视，在金石学研究领域占的比重越来越大。但不可否认的是，金石学"证经补史"的根本一直都在，如王昶《金石萃编》及陆增祥《八琼室金石补正》不仅对收录的龙门石窟造像题记进行了识读，且引经据典加以考证，展现了其史学上的重要价值。

因此，可以说，"龙门二十品"虽是因书法而名播寰宇，但在其他学科领域展现出的学术价值，一样不容忽视。

书法之外，以"龙门二十品"为代表的造像记，最直接的价值，就是为石窟造像的断代提供了标尺，因其大部分具有明确的纪年，为造像年代的确定提供了最真实严谨的依据。

而在历史文献学领域，因"龙门二十品"中涉及的人物多为宗室勋戚，如丘穆陵亮、北海王元详、广川王贺兰汗、安定王元燮、杨大眼、郑长猷等人见载于《魏书》，造像记的相关内容可与《魏书》相互补证，甚至纠史之误。

造像的内容为宗教学的研究提供了可资参考的证据材料，如"龙门二十品"中，我们发现弥勒造像有 9 尊，释迦造像有 2 尊，没有具体佛名的 11 尊，从中可以看出，弥勒像占据了较大比重，而且从北魏时期龙门石窟造像的整体来看，弥勒像依然占有很大比重，由此可以管窥北魏时期弥勒信仰的兴盛。而造像记中关于义邑的记载，则

[1] 阮元著，华人德注，《南北书派论　北碑南帖论注》，上海书画出版社，1987 年版。

《比丘法生造像记》原石

可为研究当时社会佛教信仰团体内部组织架构及人员构成提供资料。

此外，在文字学领域，"龙门二十品"中出现的大量碑别字、简化字等，为研究北魏时期的文字形态及传播情况提供了参照。

最后，在文学领域，造像题记虽然简短，且倾向于民间实用文学性质，但也有其固定的文式及语法特点，而"龙门二十品"又因为有上层人士参与的原因，其文辞相对较长且呈现文雅化的特点，如《始平公造像记》《魏灵藏造像记》《杨大眼造像记》《元祐造像记》等，已经可以纳入北魏文学史进行探讨。

（本章由河南省书法家协会书法评论与文化传播委员会委员、洛阳市书法家协会金石碑帖委员会主任赵耀辉撰写）

第二章 『龙门二十品』在书艺上的定位

魏碑，作为书法艺术历史长河中从汉隶到唐楷的重要过渡，堪称一座巍峨的艺术高峰。而龙门碑刻题记，无疑是这座高峰上的一颗耀眼明珠，散发着独特的光彩。自清代乾嘉年间开始，众多学者纷纷投身龙门造像题记的研究与发掘之中，产生了形式各异、特色鲜明的拓本。在清乾隆年间，黄易的"龙门四品"为世人所瞩目；到了清同治时期，河南太守的德林选定的"龙门十品"又成为一时的研究热点；清末的方若献上了"龙门二十品"，更将龙门碑刻的研究推向了新的高度；而民国时期的关百益和曾炳章，分别推出的《伊阙魏刻百品》和《洛阳县龙门魏碑造像记五十品目录表》，都为魏碑的研究注入了新的活力。

　　而在所有的魏碑拓本中，"龙门二十品"无疑是最为人所称道的。康有为盛赞其："风格独特，意象相近，均展现出雄峻伟茂的气势，笔触发宕，方笔运用得极为出色。"这足以证明"龙门二十品"在魏碑艺术中的重要地位与卓越成就。

一、"龙门二十品"的由来

（一）"龙门四品"

　　从目前的文献记载来看，欧阳修无疑是龙门石窟造像题记中《伊阙佛龛碑》的最早著录者。《集古录》的卷五详细记载了唐岑文本的《三龛记》，明确指出了龙门山壁间凿石为佛像的盛况：

《慈香造像记》原石

右《三龛记》，唐兼中书侍郎岑文本撰，起居郎褚遂良书，字画尤奇伟。在河南龙门山，山夹伊水，东西可爱，俗谓其东曰香山，其西曰龙门。龙门山壁间凿石为佛像，大小数百，多后魏及唐时所造。惟此三龛像最大，乃魏王泰为长孙皇后造也。[1]

其中的《三龛记》即《伊阙佛龛碑》，其规模之大尤为引人注目。随后，赵明诚的《金石录》也收录了这一重要的碑刻。

然而，龙门造像题记在相当长的一段时间内并未受到学者们的充分重视，其蕴含的文献和书法价值也未得到深入挖掘。直至清朝中期，随着乾嘉学派的兴起和金石学的蓬勃发展，龙门造像题记才逐渐进入金石研究者的视野。学者们虽然有所关注，但

[1] 欧阳修，《欧阳修集编年笺注》卷一三九，《集古录跋尾》卷五。

《孙保造像记》原石

研究主要集中在少数精品上，如《始平公造像记》《元燮造像记》《孙秋生造像记》《杨大眼造像记》等。

明末清初的顾炎武，作为乾嘉学派的先驱之一，其著作《金石文字记》开始涉及龙门石窟的造像题记。同时期，其他金石学者的专著中也不乏对龙门造像题记的零星记载，如王昶的《金石萃编》、钱大昕的《潜研堂金石文跋尾》、毕沅的《中州金石记》以及武亿的《授堂金石跋》等。这些著作或多或少地收录了一些造像记，但尚未有学者明确提出"龙门四品"的称谓。

值得一提的是，王昶的《金石萃编》对龙门造像题记进行了识读和考证，为后续研究奠定了坚实基础。虽然书中存在一些表述上的讹误，但作为较早对龙门造像题记进行深入论述的著作，其影响不可忽视。此后，虽有学者继续整理研究龙门造像题记，但多从目录学和书法艺术的角度进行简单分析，缺乏深入的探讨。

乾隆三十三年（1768），钱大昕的《潜研堂金石文跋尾》收录了包括《杨大眼造像记》在内的龙门造像题记。而在其后的续编中，又分别收录了《孙秋生造像记》和《元祐造像记》。然而，从全书的收录情况来看，汉碑和唐碑仍占据主导地位，龙门造像题记的关注度相对较低。

乾隆五十三年（1788），河南巡抚毕沅所著的《中州金石记》收录了《始平公造像记》《元燮造像记》《孙秋生造像记》以及《杨大眼造像记》四件作品。同时期的学者武亿，在其《授堂金石跋》中也收录了《魏灵藏造像记》和《杨大眼造像记》两件龙门造像记。这些现象充分反映了在乾隆年间，龙门造像题记尚未得到金石家们的足够重视，传拓数量有限，且研究尚浅。

清代学者黄易对龙门造像记颇为推崇。他继承父业，精通金石，并以篆刻著称于世。他从众多龙门造像题记中精选出《始平公造像记》《孙秋生造像记》《魏灵藏造像记》以及《杨大眼造像记》四品，并在嘉庆元年（1796）亲自带领工匠椎拓龙门造像题记，大量传拓碑刻，为龙门造像题记的传拓和研究奠定了基础。

（二）"龙门十品"

"龙门十品"这一称谓的提出，是在"龙门四品"说法的基础上逐步发展而成的。尽管在清朝的乾隆、嘉庆、道光时期，已有少量"龙门四品"的拓本流传于世，但当时尚未形成这一明确的称谓。可以推测，"龙门四品"与"龙门十品"的命名时间应当相去不远，其中"龙门四品"的正式命名可能出现在咸同年间，即"龙门十品"概念提出之前不久。

道光年间，有两位金石学家亲赴龙门石窟进行实地椎拓。他们不仅细致地椎拓了"龙门四品"，还广泛收集了古阳洞内其他造像题记。这两位学者分别是方履篯和刘喜海，他们分别著有《伊阙石刻录》和《嘉荫簃龙门造像辑目》。他们的大量传拓工作表明，金石学者们已经开始认识到龙门造像的研究价值，龙门石窟也因此受到了前所未有的关注。然而，当时的传拓工作仍然较为零散，龙门造像的拓片并未引起碑帖研究者们的广泛关注。

德林，这位在京师享有盛名的收藏家，精通篆隶。同治九年（1870），他组织了大量工匠前往古阳洞进行传拓工作。这一次，地方官员和僧俗人士的共同参与，使得传拓工程具有了非凡的意义，成为龙门造像题记传拓日益增多的重要转折点。

值得一提的是，德林首创了以"品"为单位的命名方式，对龙门造像题记进行了集拓和命名，这无疑是一项创新之举。他更是首次提出了"龙门十品"的概念。这"龙门十品"通常使用简称，包括《孙保》《太妃侯》《贺兰汗》《慈香》《元燮》《大觉》《牛橛》《高树》《元详》《云阳伯》等。这种简称方式虽然简洁明了，但也带来了命名混乱的问题，包括名称不准确、不规范，甚至存在错误。这些问题主要源于命名时缺乏统一的标准。有些造像记以发愿人命名，如《北海王元详造像记》；有些则以被纪念者命名，如《牛橛造像记》和《贺兰汗造像记》；还有的以发愿人的官爵命名，如《云阳伯造像记》；更有甚者，由于造像记释读错误而导致命名错误，如《孙保造像记》。

随着时间的推移和"龙门十品"的传播，为了消除这种命名混乱，更便于使用和传播，造像记的名目逐渐统一采用发愿人的名字进行命名。例如，《大觉造像记》被改为《道匠造像记》，《孙保造像记》改为《高太妃造像记》，《云阳伯造像记》改为《郑长猷造像记》。而《贺兰汗造像记》之所以没有改名，是因为其发愿人与另一品《太妃侯造像记》的发愿人相同。这一系列的命名调整，旨在提高命名的准确性和规范性，进而推动龙门造像题记的研究与传播。

（三）"龙门二十品"

"龙门二十品"，这一金石学及书法界的瑰宝，是由众多金石学家与书法家历经岁月，以专业的眼光细细品评后得出的。在此之前，众多龙门造像的题记中，唯有那些书法技艺超群、艺术价值极高的碑刻，才得以被遴选出来，人们通常以碑拓的总数来称呼它们。

自同治九年（1870）始，在原有的"龙门四品"与"龙门十品"的基础上，又有六品碑刻得以增补，包括《一弗造像记》《优填王造像记》《比丘惠感造像记》《比丘法生造像记》《元祐造像记》《解伯达造像记》，由此，"龙门二十品"之名正式确立。这一选目是从书法艺术的角度出发，精心挑选出的二十方具有代表性的造像记。

然而，"龙门二十品"真正得到学者们的广泛重视与研究，却经历了一个渐进的过程。在光绪元年（1875），陆增祥的《八琼室金石补正》虽记载了龙门造像题记，

《元祐造像记》原石

但并未提及"龙门二十品"这一称谓。同样,光绪年间的另一金石学著作——汪鋆的《十二砚斋金石过眼录》,在著录龙门造像题记时,也未涉及"龙门二十品"。由此可见,在光绪初年,"龙门二十品"这一称呼尚未得到社会的普遍认可。

直到清末,康有为在其《广艺舟双楫》与方若的《校碑随笔》中,才首次使用了"龙门二十品"这一称呼。光绪十七年(1891),康有为的《广艺舟双楫》一经刊印,便在金石学界引起了巨大的反响。康有为对"龙门二十品"推崇备至,将其列为魏碑中的佼佼者。康有为在《广艺舟双楫》对魏碑进行评价:

魏碑无不佳者,虽穷乡儿女造像,而骨血峻岩,拙厚中皆有异态,构字亦紧密非常,岂与晋世皆当书之会邪,何其工也?警江、汉游女之风诗,汉、魏儿童

《元燮造像记》原石

之谣谚，自能蕴蓄古雅，有后世学士所不能为者，故能
择魏世造像记学之，已自能书矣。[1]

康有为进一步总结出魏碑的"十美"：

> 古今之中，唯南碑与魏为可宗，可宗为何？曰：
> 有十美：一曰魄力雄强，二曰气象浑穆，三曰笔法跳越，
> 四曰点画峻厚，五曰意态奇逸，六曰精神飞动，七曰兴
> 趣酣足，八曰骨法洞达，九曰结构天成，十曰血肉丰美。
> 是十美者，唯魏碑、南碑有之。[2]

[1] 康有为著，赵云飞译，《书镜》，群言出版社，2019年版。
[2] 上海书画出版社、华东师范大学古籍整理研究室，《历代书法论文选》，上海书画出版社，2014年版。

这"十美"，正是魏碑与南碑所独具的魅力。他对"龙门二十品"的见解是独到而又精辟的。康有为在《广艺舟双楫》中对部分造像记的学习顺序进行了单独分析：

　　《丘穆陵亮夫人尉迟造像》，体方笔厚，画平竖直，宜先学之。次之《杨大眼》，骨力峻拔。遍临诸品，终之《始平公》，极意峻宕，骨格成，形体定，得其势雄力厚，一身无靡弱之病，且学之亦易似。[1]

他对龙门造像题记进行深入研究，还将这二十品从艺术风格的角度进行归类：

　　"龙门二十品"中，自《法生》《北海》《优填》外，率皆雄拔。然约而分之，亦有数体，《杨大眼》《魏灵藏》《一弗》《惠感》《道匠》《孙秋生》《郑长猷》，沈著劲重为一体。《长乐王》《广川王》《太妃侯》《高树》，端方峻整为一体。《解伯达》《齐郡王祐》，峻骨妙气为一体。《慈香》《安定王元燮》，峻荡奇伟为一体。总而名之，皆可谓之龙门体也。[2]

康有为将它们统称为"龙门体"。这一举动极大地推动了对龙门造像题记的书法学研究，提高了魏碑的书法地位。

总的来说，"龙门二十品"作为金石学与书法界的瑰宝，其价值与地位在康有为等学者的研究下得以彰显。他们的深入研究与精准评价，不仅为我们提供了宝贵的艺术财富，也极大地推动了相关领域的发展。

二、"龙门二十品"的版本

"龙门二十品"作为珍贵的文化遗产，其传本众多，历来受到广泛关注。经过细致的分类，我们可以将其分为三大版本批次，即："优填王本"（清末时期的拓本）、"马振拜全拓本"（民国早期的拓本）、"马振拜残拓本"（民国二十四年之后的拓本）。

优填王本：在《马振拜造像记》替代《优填王造像记》之前，由于流传时间较短，传世数量相对稀少。此版本反映了早期"龙门二十品"的面貌，对于研究其历史变迁具有重要意义。

马振拜全拓本：这一版本是在《马振拜造像记》取代《优填王造像记》后产生的。

[1] 上海书画出版社、华东师范大学古籍整理研究室，《历代书法论文选》，上海书画出版社，2014年版。
[2] 上海书画出版社、华东师范大学古籍整理研究室，《历代书法论文选》，上海书画出版社，2014年版。

《解伯达造像记》原石

由于造像记完整，书法价值极高，因此备受推崇。此版本的出现，进一步推动了"龙门二十品"在金石学界的传播与研究。

马振拜残拓本：这是由于1935年《魏灵藏造像记》和《解伯达造像记》遭到村民破坏，导致部分石刻损毁。尽管如此，20世纪30年代的传拓本仍被视为珍品。此后，为保护龙门石窟，国家文物局提出整改措施，禁止对原石进行椎拓，这也使得"龙门二十品"的研究更加珍贵。

方若《校碑随笔》在北魏名目下附有"旧选二十种名录"，他将名录中的二十种分为"龙门山造像上十种"和"龙门山造像下十种"，将唐代的《优填王造像记》一品列入了"龙门山造像下十种"中，他所著录的二十品也就是"优填王本"的"龙门二十品"。

此外，关于《优填王造像记》的争议也值得关注。《优填王造像记》是唐高宗时期的造像题记。清末民初时，已有人认为《优填王造像记》是唐朝的碑刻，大约在民

国九年（1920），关百益和曾炳章将《优填王造像记》以《马振拜造像记》替代，曾经还有一段时间龙门造像题记的拓本以二十一品在社会上流传。康有为在《广艺舟双楫》中写道：

> 惟《优填王》则气体卑薄，可谓非种在必耡者，故举《龙门》，皆称其方笔也。[1]

他认为《优填王造像记》气体鄙薄，不属于魏碑，应当除之。方若在《校碑随笔》中写道：

> 此十种后选增至二十种，悉魏造像中之大品，间有小段文字，亦较完好者。

[1] 上海书画出版社、华东师范大学古籍整理研究室，《历代书法论文选》，上海书画出版社，2014年版。

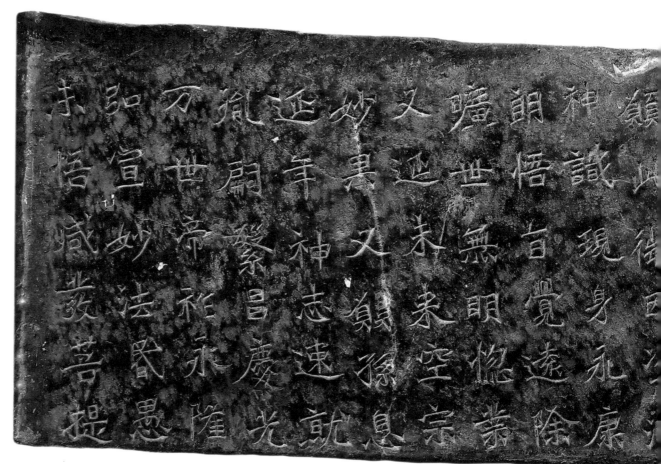

《太妃侯造像记》原石

若尝细审，敢断《优填王》一种是唐刻，拟易以《马振拜造像记》。[1]

于是，方若将"龙门二十品"中之前收录的唐朝碑刻《优填王造像记》替换下来，将魏碑《马振拜造像记》收录进来，成为新版的"龙门二十品"，后称其为"马振拜全拓本"。更换之后的"龙门二十品"被社会公认，并且流行至今。这一更替过程，不仅反映了学术界的争议与探索，也体现了"龙门二十品"在金石学界的地位与影响。

然而，1935年的破坏事件对"龙门二十品"造成了严重损失。部分村民为了谋取私利，不惜破坏珍贵的石刻，使得《魏灵藏造像记》和《解伯达造像记》遭受重创。这一事件不仅加剧了此后研究的难度，也让我们更加珍惜现存的"龙门二十品"拓本。

回顾清末民初的四五十年间，众多书法家和金石学家对龙门造像题记进行了深入研究与传拓，推动了"龙门二十品"的研究进入兴盛时期。他们不仅椎拓出了《龙门造像全集》，还拓出了"龙门五十品""龙门百品"等，为后人留下了丰富的文化遗产。

[1] 方若，《校碑随笔》，江苏广陵古籍刻印社出版社，1997年版。

而在这众多版本中，"龙门二十品"以其独特的艺术价值和历史意义，成为其中最经典、最受瞩目的代表。

三、对"龙门二十品"的评价和定位

唐代以后，魏碑书体一直不受关注，沉寂千年，随着清代乾嘉年间金石学的兴起，人们开始关注魏碑。学者阮元首倡"北碑南帖"说，影响书界厌帖习碑。之后，学者包世臣在《艺舟双楫》中也大力推崇北碑，他认为：

> 北朝人书，落笔峻而结体庄和，行墨涩而取势排宕。万毫齐力，故能峻；五指齐力，故能涩。分隶相通之故，原不关乎迹象，长史之观于担夫争道，东坡之喻以上水撑船，皆悟到此间也。[1]

———

[1] 佟玉斌、佟舟编著，《诗书画印典故辞典》，长征出版社，2001年版。

贺兰汗造像龛

凡魏碑，随取一家，皆足成体；尽合诸家，则为具美。[1]

　　另有学者方若的《校碑随笔》、顾炎武的《金石文字记》、黄宗羲的《金石要例》、翁方纲的《两汉金石记》、桂馥的《缪篆分韵》、孙星衍的《京畿金石考》等金石学论著相继问世。绵延上千年的帖学思想转换为碑学思想是一个较为漫长的过程。清代的魏碑风格具有浓郁的文化色彩，准确地说是用写帖的方式写魏碑。当时的魏碑书法家长期受"馆阁体"的束缚，遵循"藏头护尾""笔走中锋"的笔法，用写帖的手法来写魏碑，形成了清代文人化魏碑书法的审美取向。如康有为对《始平公造像记》等推崇备至，虽然他在笔法、审美、取法方面有过人之处，但在其笔下，对魏碑的"方笔"问题，他始终没有解决。"龙门魏刻二十品"是从龙门石窟3860多块碑刻题记中精选出来的造像题记，人们约定成俗地叫它"龙门二十品"。

　　胡震与钱松师友之间，常同鉴赏金石文字。咸丰八年（1858）钱松题记值得珍视，钱松题跋曰：

　　　　此龙门石刻之冠于当世者也，石刻中之阳文，古来只此矣。层崖高峻，极难锤拓，自刘燕庭拓后，无复有问津者。仲水于琉璃厂得四本，始刘氏物，此始鼻山。戊午七月叔盖记。[2]

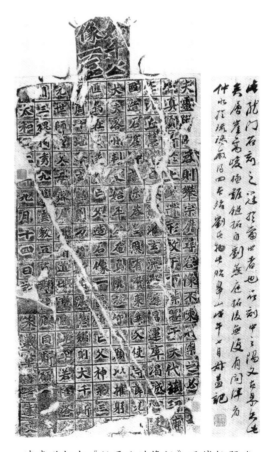

清嘉道拓本《始平公造像记》及钱松题跋

　　刘燕庭名喜海，平生喜拓金石文字，富收藏，精鉴赏。钱松推断此拓为刘氏所拓之本，此正与拓本考据相互印证，故此拓应为嘉道拓本。

　　钱松题跋再次印证了嘉道年间龙门造像鲜有人去传拓，其拓本流传稀少的原因，除"层崖高峻，极难锤拓"等现实条件外，主要还是受制于当时的重"汉唐碑刻"轻"北魏造像"的传统观念，龙门造像精品拓片只在极少数高端金石学者圈内流传。

　　《启功论书绝句百首》中第32首评

[1] 上海书画出版社、华东师范大学古籍整理研究室，《历代书法论文选》，上海书画出版社，2014年版。
[2] 赵海明，《碑帖鉴藏》，黄山书社，2015年版。

《始平公造像记》：

> 题记龙门字势雄，就中尤属始平公。
>
> 学书别有观碑法，透过刀锋看笔锋。
>
> 龙门造像题记数百种，拔其尤者，必以《始平公》为最，次则《牛橛》，再次则《杨大眼》。其余等诸自会。《始平公记》，论者每诧其为阳刻，以书论，固不以阴阳刻为上下床之分焉。可贵处，在字势疏密，点画欹正，乃至接搭关节，俱不失其序。观者目中，如能泯其锋棱，不为刀痕所眩，则阳刻可作白纸墨书观，而阴刻可作黑纸粉书观也。[1]

近年来，随着文化自信的提升，"龙门二十品"越来越受到金石研究者、书法家的关注和喜爱，越来越多的人对"龙门二十品"进行深入研究，为其传承与发扬注入了新的活力，我们也希望有越来越多的研究成果出现。

（本章由河南美术出版社副总编辑、河南省青年书法家协会主席谷国伟撰写）

[1] 启功，《启功论书绝句百首》，荣宝斋出版社，1995 年版。

太妃侯等造像龛

"龙门二十品"是中国洛阳龙门石窟造像题记中二十品题记的简称。题记中有十九品在古阳洞,仅有一品在位于老龙洞外的第 660 窟。这些造像记中的造像主人多是北魏的王公贵族、高级官吏和得道高僧。他们为孝文帝歌功颂德或为祈福禳灾而开龛造像,名字多在史书上有所记载。这些造像题记往往涉及当年的史实,因此,"龙门二十品"不但是北魏时期书法艺术的精华之作、魏碑书法的代表作,也是极具历史研究价值的史料,堪称国宝。"龙门二十品"最早于清乾隆年间始被黄易发现,黄易著《嵩洛访碑日记》云:

　　　　二十五日,视工人拓龙门诸刻,山僧古涵精摹拓,亦来助力,僧知伊阙洞顶小龛有开元刻字,猱升而上,得一纸……二十六日……住龙门六日,拓碑三百余种。"[1]

　　"龙门二十品"的鉴定自始即有难度,方若《校碑随笔》卷三云:

　　　　近日帖估所携莫非题记二十种,但此二十种内曾见夹杂摹刻,盖舍高处图拓省事,收者未可忽也。[2]
　　　　由于龙门二十品所具有的书法艺术价值,近代以来传拓、收藏者不断增加。

　　[1] 黄易,《嵩洛访碑日记》,浙江人民美术出版社,2018 年版。
　　[2] 方若,《校碑随笔》,民国十二年华埠书局校印本。

但因古阳洞内十九品位置高，拓印不便，而且文物保护工作加强，1949年后原碑拓印控制极严，于是社会上出现了各种复制版。目前所知复制版中有木雕版、石雕版、石膏版、环氧树脂翻模版等，其中前三种版除河南外，外省也有，多散存民间。[1]

一、《始平公造像记》

本是附属于佛龛的题记，全称为《比丘慧成为亡父洛州刺史始平公造像题记》，北魏孝文帝太和二十二年（498），刻于龙门石窟古阳洞北壁。可见黄易是最早拓"龙门二十品"者。康有为称龙门石刻"皆雄峻伟茂，极意发宕，方笔之极轨也"。而《始平公造像记》又是龙门石刻中的代表，受到书坛重视，列入"龙门二十品"。此碑文方笔斩截，笔画折处重顿方勒，结体扁方紧密，点画厚重饱满，锋芒毕露，显得雄峻非凡，被推为魏碑方笔刚健风格的代表。造像记在龛的右侧，此造像记是龙门二十品中唯一的阳刻作品，而且署有孟达撰文，朱义章书写。

碑文字迹方重，雄强厚密。全碑阳文刻，把字外围保留，道光间，碑贾嫌麻底难看，陆续把底铲掉，故拓本分为"未铲底本"与"铲底本"两种。

方若《校碑随笔》：洛州刺史始平公造像记，……旧拓本第三行"邀逢"之"邀"字末笔稍损而左旁与其余笔道固完好，第六行"匪乌"之"乌"字完好，第七行"周"字首，第八行"率"字中间笔道亦尚可见。

王壮弘《增补校碑随笔》修订本云："所见旧拓，皆未经铲底，全碑无字处露细麻点，然未铲底拓者，也有新旧之分。最旧拓本碑文中五行始平公之公字仅损末点，后泐及公字横画，且愈泐愈短，以近拓验之，非但横画泐尽而左上点也不可见矣。"[2]

最旧拓本，三行"邀逢昌"之"昌"字未泐，次则"昌"字左稍损。六行"乌"字下四点全。后"乌"字可见三点，再晚仅可见两点，以近拓验之，非但四点全不可见，而"乌"字也仅存一二残画矣。

道光时碑石经挖凿，无字处细麻点全皆铲尽，字画锋棱大不如前。铲底后初拓本，三行"邀逢昌"之"邀"字仅下部微损，稍晚即大损。七行"周十地"之"周"字长撇首尚存。铲底前拓，三行"比丘慧"之"慧"字未损。铲底后初拓本，"慧"右上"丰"部仅泐中横。此则"慧"字"丰"部三横皆泐，然尚存"丰"部竖笔之端。近拓则泐尽矣。

以稍旧拓与近拓较之，除上述诸字外，三行"邀逢昌"之"昌"字增泐，四行"恩""资"二字损，五行"以摧"之"摧"字损，六行"亡父造石"之"父""石"二字损，

---

[1] 龙门石窟研究所，《龙门石窟志》，中国大百科全书出版社，1996年版。
[2] 王壮弘，《增补校碑随笔》修订本，上海书店出版社，2008年版。

《始平公造像记》拓片（民国拓本）

《始平公造像记》拓片（20世纪70年代拓本）

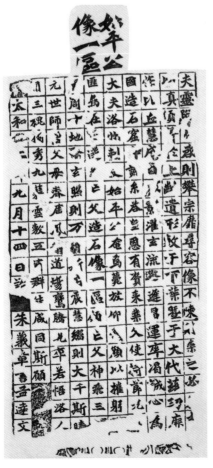

《始平公造像记》拓片（翻刻拓本）

《始平公造像记》拓片（硅胶翻模拓本）

七行"十""地"二字损，"玄照则"之"玄""则"二字损，八行"眷""属"二字损，"悟"字"竖心旁"左点泐，九行"群"字损。

二、《孙秋生造像记》

景明三年（502）五月刻，全称《新城县功曹孙秋生、刘起祖二百人等造像记》。在古阳洞南壁。13行，上列为记，满行9字；下列题名，行30字。额正书"邑子像"3字。额旁两太守名：右二行，左三行。乾隆拓本，其记第三行"刘起祖"之"刘"字笔画完好，北魏宣武帝（元恪）景明三年（502）五月廿七日造讫。此碑书犀利刚劲，宽博朴厚，较《始平公造像记》笔法多变，是龙门碑刻书法艺术的代表作品之一。孟广达文，萧显庆书。

方若《校碑随笔》：旧拓本第三行"刘起祖"之"刘"字与题名末行"来祖香"之"祖香"二字皆未泐，若"刘"字可见，"祖香"已泐，为稍旧拓本。

王壮弘先生的《增补校碑随笔》修订本：乾隆拓本记三行"刘起祖"之"刘"字笔画瘦细，然字画完好。题名末行"解廷儁"，"解"字"角"部撇笔，未与左石泐相连。

嘉庆拓：首行"大代"之"代"字，尚未挖成"伐"字。三行"刘"字首稍损，五行"三宝弥显"之"显"字"页"部未损。下列题名，末行"来祖香"之"祖香"二字完好，"解廷儁"之"解"字"角"部撇端已微连石泐痕，"廷"字完好。

道光咸丰间拓本：首行"代"已挖成"伐"字，三行"刘"字泐，五行"显"字"页"部损，下列题名十四行"麻"字损左少半，"祖香"二字半泐，"解"字泐大半，"廷"字泐左少半。但下列题名，首行"卫辰"之"辰"字，仅损捺笔，二行"夏侯文度"之"夏"字仅微损，五行"昙乐"之"昙"字未损，"刘仲起"之"刘"字未损，六行"卫国标"之"标"字未损，七行"高珍国"之"高"字未损，十四行"上官犁"之"犁"字未损。

光绪末年拓：下列题名，首行"辰"字泐几尽，五行"昙"字"日"部泐，"刘"字"金"部泐，六行"标"字中泐，七行"高"字泐大半，十四行"犁"字稍损，"祖香"二字泐尽。

《孙秋生造像记》拓片（清代拓本）

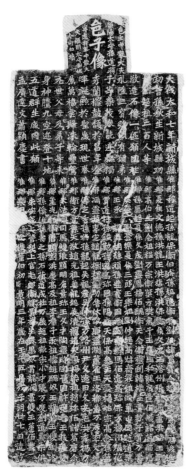

《孙秋生造像记》拓片（民国拓本）　　　　　《孙秋生造像记》拓片（20世纪70年代拓本）

《孙秋生造像记》拓片（翻刻拓本）　　　　　《孙秋生造像记》拓片（硅胶翻模拓本）

三、《杨大眼造像记》

全称《辅国将军杨大眼为孝文皇帝造像题记》，无刻石年月。应在景明元年（500）至正始三年（506）间，在古阳洞北壁。为龙门造像记名品之一。

方若《校碑随笔》：旧拓本第五行，"踵""应"等字，第六行"垂"字、"光"字完好，又"也""摧"二字间，仅泐连，"也"下"摧"上笔道，第十行"刊石"二字可辨，今则"垂"字漫漶，"光"字末笔损，"也""摧"二字泐更甚，"踵"字只存右下角之少许矣。若"踵"字下尚存大半与刊字可辨者为稍旧拓本。

王壮弘先生《增补校碑随笔》修订本：乾隆拓：首行"孝文皇"之"文"字仅损捺笔之端。五行"远"字末笔完好。十行"刊石"二字完好。稍晚拓"刊"字即损钩笔。

嘉庆拓本：首行"文"字可见。二行"不遘"之"不"字完好。五行"龙曜"之"龙"字未泐。六行"也摧"二字完好。

道光拓本：首行"文"字泐尽，二行"不"字中泐。五行"龙"字右泐。六行"也摧"之"也"字下泐，"摧"字上泐。然五行"踵""应"二字完好。十行"刊石"二字之"刊"字但损钩笔，"石"字但损上横。

稍旧拓：首行"孝"字仅上微损。五行"踵""应"二字之"踵"字泐上少半，"应"字泐"心"部。十行"刊"字泐左半，"石"字泐上半。

近拓：首行"孝"字泐尽。五行"踵"字泐大半。十行"刊石"二字泐尽。

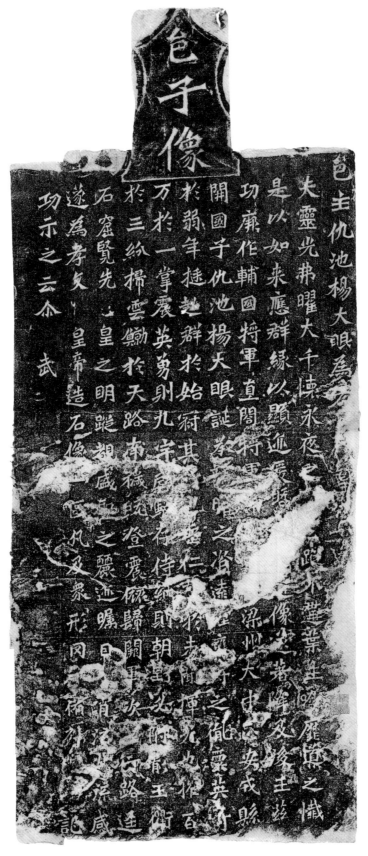

《杨大眼造像记》拓片（清代拓本）

《杨大眼造像记》拓片（民国拓本）

《杨大眼造像记》拓片（20世纪70年代拓本）

《杨大眼造像记》拓片（翻刻拓本）

《杨大眼造像记》拓片（硅胶翻模拓本）

四、《魏灵藏造像记》

全称《陆浑县功曹魏灵藏薛法绍造像记》，题记 10 行，满行 23 字。有额，3 行 9 字，额中间竖题"释迦像"，字略大于两侧，额左题"薛法绍"，右题" 魏灵藏"。北魏造像习惯用别体字，此题记尤多，是龙门造像题记中碑刻和书法艺术的精品。民国后期被破坏残损。

方若《校碑随笔》：旧拓本第三行"空"字未泐。

王壮弘先生《增补校碑随笔》修订本：乾隆拓三行"腾空"之"腾"字，虽当断处然尚存大半（"马"部可见）。嘉道间拓本，"空"字完好。稍旧拓"空"字仅损右上角。光绪拓本，"空"字泐大半。民国十年凿损百余字，见拓本仅存十行，首行存六字（半泐者四字），二行存十字（半泐者二字），三行存十字（半泐者一字），四行存九字（半泐者一字），五行存十字（半泐者一字），六行存十字（半泐者一字），七行存八字，八行存六字，九行存三字（半泐者一字），十行存三字（半泐者一字）。额存"藏迦像薛法绍"六字。

张彦生著《善本碑帖录》云："乾隆拓本，第三行腾空，'腾'字在断处存大半，其次'空'字完好。稍旧拓'空'字右上先损，近拓民国前全泐，民国十年后或为盗石人凿损。此记上下凿损成圆形，损泐百余字。"宫大中《中原贞石墨影》云："郭玉堂《洛阳古物记》（手抄本）记载《魏灵藏》民国二十五年（1936 年）夏龙门本街拓帖工多拓三百份，损其石。"[1]

[1] 宫大中，《中原贞石墨影》，河南美术出版社，2004 年版。

《魏灵藏造像记》拓片（清代拓本）

《魏灵藏造像记》拓片（民国拓本）

《魏灵藏造像记》拓片（20世纪70年代拓本）

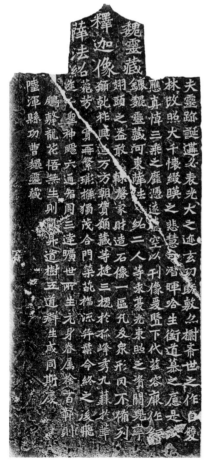

《魏灵藏造像记》拓片（翻刻拓本）

《魏灵藏造像记》拓片（硅胶翻模拓本）

五、《牛橛造像记》

全称《长乐王丘穆陵亮夫人尉迟为亡息牛橛造像记》，碑文字体端庄整肃，是长乐王丘穆陵亮夫人尉迟氏（后改"尉"姓）为亡去的儿子牛橛所造，过去曾有"牛橛龛"之称，牛橛造像龛在古阳洞北侧。圆券形。清早期拓本"橛"字未损。

王壮弘先生《增补校碑随笔》修订本：乾嘉拓本，二行"牛橛"之"橛"字完好。近拓"橛"字石泐痕已连及首行"公"字。五行"若有"之"若"字，稍旧拓本"口"部未泐，新拓则泐成一白块。

仲威著《中国碑拓鉴别图典》：光绪拓本二行"牛橛"之"橛"字，石花侵及"厥"部右竖画。清末拓本二行"牛橛"之"橛"字，"厥"部右画泐尽，石花蔓延到"厥"之"羊"部，石花还泐连右侧（首行）"公"字。

《牛橛造像记》拓片（清代拓本）

太和九年十一月使持莭司空公長樂王丘穆陵亮夫人尉遲為亡息牛橛請工鏤石造此弥勒像一區頭牛橛捨於天上人之鄉騰遊无礙之境若存託生生世界妙樂自在之處若有諸佛之所即令解脱三塗惡道永絶因趣一切苦累衆生咸蒙斯福

《牛橛造像记》拓片（民国拓本）

《牛橛造像记》拓片（20世纪70年代拓本）

《牛橛造像记》拓片（翻刻拓本）

《牛橛造像记》拓片（硅胶翻模拓本）

六、《元详造像记》

全称《北海王元详为母子平安造弥勒像记》，是元详随北魏孝文帝南伐迁都至洛阳的历史实录。

造像龛位于洛阳龙门石窟古阳洞北壁。

张彦生著《善本碑帖录》云："石刻在河南洛阳龙门山，此石刻在比较高处，难拓。民国拓廿品内多翻刻。"[1]

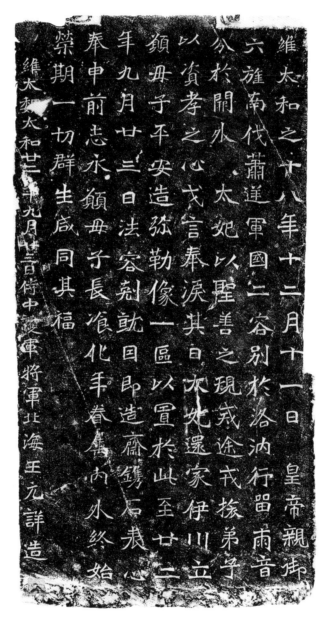

《元详造像记》拓片（清代拓本）

[1] 张彦生，《善本碑帖录》，中国社会科学院考古研究所编辑，中华书局，1984年版。

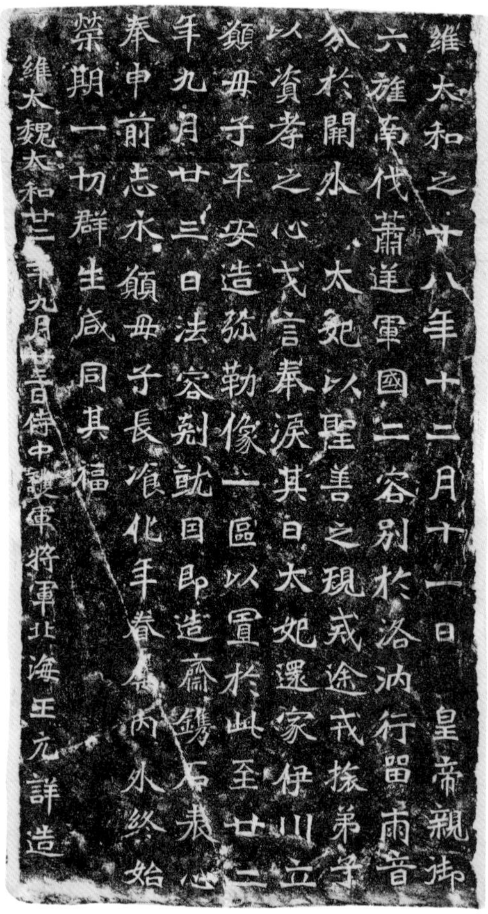

《元详造像记》拓片（民国拓本）

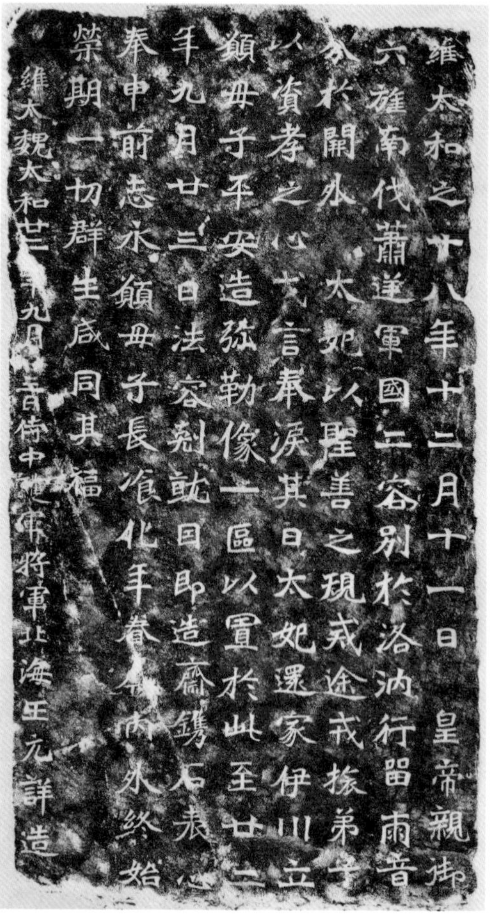

《元详造像记》拓片（20世纪70年代拓本）

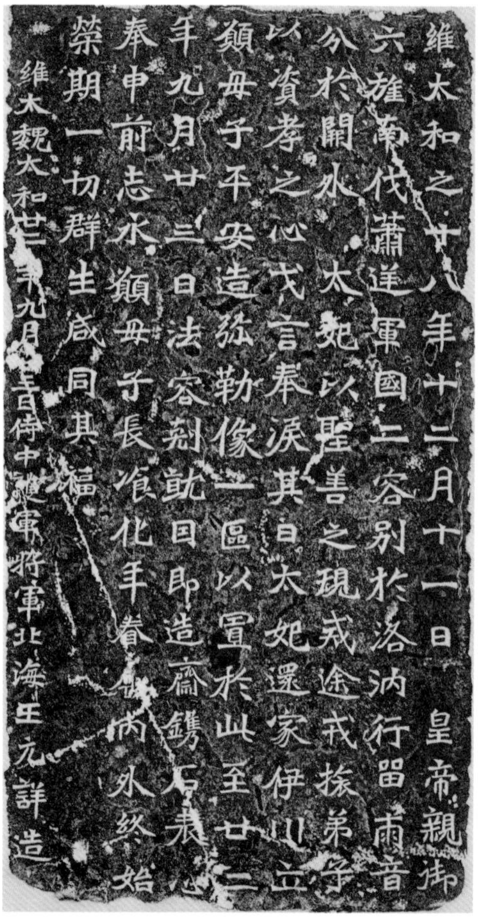

《元详造像记》拓片（翻刻拓本）

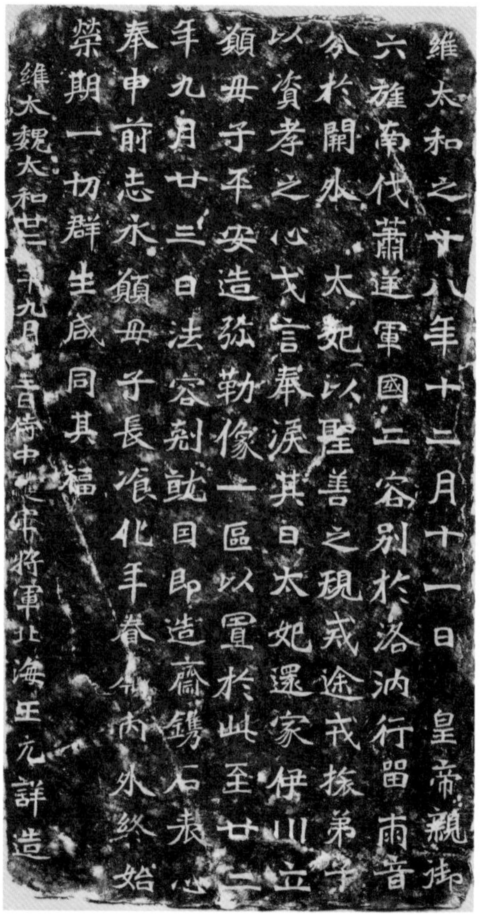

《元详造像记》拓片（硅胶翻模拓本）

七、《郑长猷造像记》

全称《云阳伯郑长猷为亡父等造像记》，书法劲厉朴拙，结体方整，隶意较重。正书，8行，满行12字。有翻刻本，其第7行"敬造"的"敬"字左上点漏刻。造像龛位于古阳洞口上方南侧，共六龛，均为圆券形浅龛，分上、中、下三排，每排两龛，大小不等。圆楣拱内刻卷草葡萄纹，主尊为交脚弥勒（已残）。左右二胁侍菩萨侍立。景明二年（501）九月三日完成。 造像记位于佛龛右侧，记景明二年郑长猷为亡父、母皇甫、亡儿士龙以及其妾陈玉女为亡母徐，各造弥勒像一尊。碑文书法上承汉隶、下启唐楷。

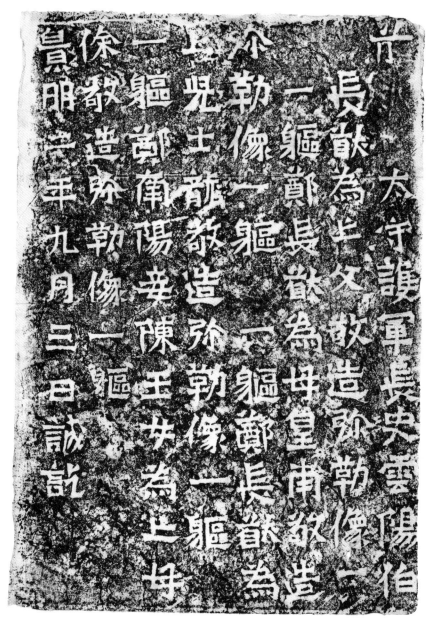

《郑长猷造像记》拓片（清代拓本）

《郑长猷造像记》拓片（民国拓本）

《郑长猷造像记》拓片（20世纪70年代拓本）

《郑长猷造像记》拓片（翻刻拓本）

《郑长猷造像记》拓片（硅胶翻模拓本）

八、《比丘法生造像记》

全称《比丘法生为孝文皇帝并北海王母子造像记》，正书。通篇用笔圆润和谐，结势华丽流美，有钟繇之范，为同类北碑所罕见。景明四年（503）十二月刻，位于古阳洞南壁。

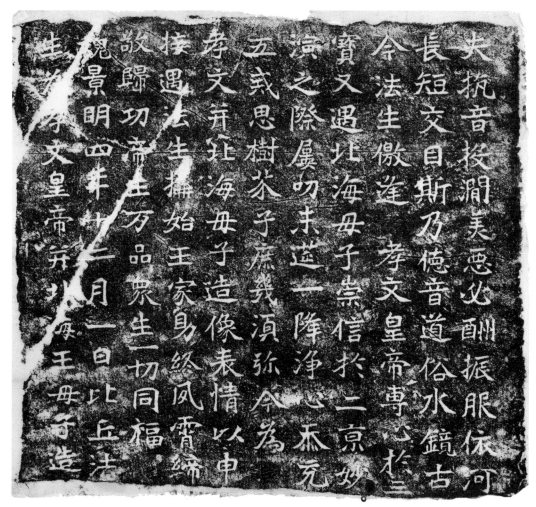

《比丘法生造像记》拓片（清代拓本）

《比丘法生造像记》拓片（民国拓本）

《比丘法生造像记》拓片（20世纪70年代拓本）

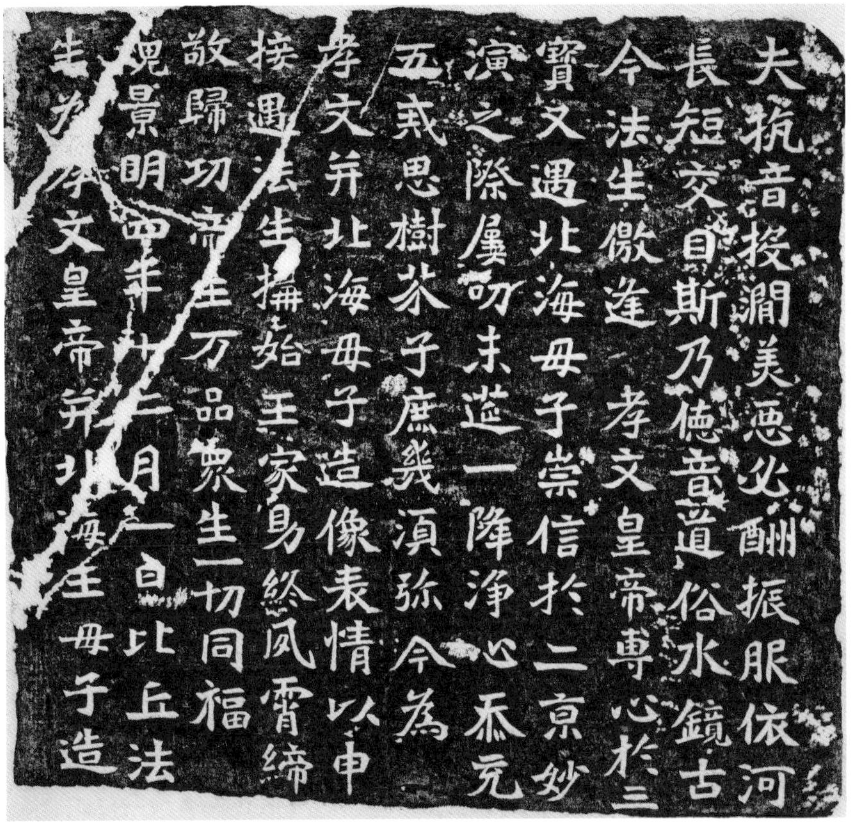

《比丘法生造像记》拓片（翻刻拓本）

《比丘法生造像记》拓片（硅胶翻模拓本）

九、《马振拜造像记》

全称《邑主马振拜和维那张子成卅四人为皇帝造像记》，
书法俊丽，别有风味。景明四年（503）八月刻。在古阳洞顶部。

《马振拜造像记》拓片（民国拓本）

《马振拜造像记》拓片（20世纪70年代拓本）

正书，9行，满行15字。额正书"邑子像"3字。最初选拓的"龙门二十品"中无此题记，康有为提出疑问，方若《校碑随笔》以《优填王造像记》为唐刻而删去。

《马振拜造像记》拓片（翻刻拓本）

《马振拜造像记》拓片（硅胶翻模拓本）

十、《优填王造像记》

《优填王造像记》，无雕刻年月，经康有为、方若等考之为唐刻。马子云、施安昌著《碑帖鉴定》云：

> 在清代后期之二十品造像，有《优填王造像记》，而无《马振拜造像记》。
> 后至民国初年，经专家考证，《优填王造像》为唐刻，故弃之。后以《马振拜造像记》
> 补之。故民国后之二十品造像，无《优填王造像记》。[1]

《优填王造像记》拓片（清代拓本）

[1] 马子云、施安昌，《碑帖鉴定》，广西师范大学出版社，1993 年版。

十一、《太妃侯造像记》

全称《广川王祖母太妃侯为幼孙造像记》，景明四年（503）十月刻，在古阳洞顶部。

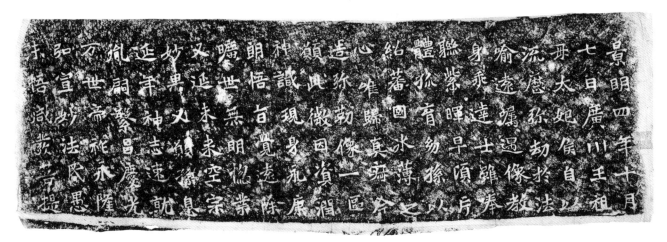

《太妃侯造像记》拓片（清代拓本）

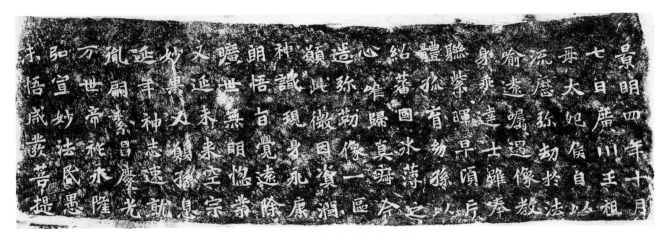

《太妃侯造像记》拓片（民国拓本）

《太妃侯造像记》拓片（20世纪70年代拓本）

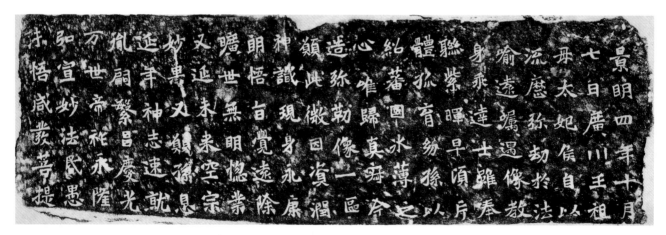

《太妃侯造像记》拓片（翻刻拓本）

《太妃侯造像记》拓片（硅胶翻模拓本）

十二、《慈香造像记》

全称《比丘尼慈香、慧政造像记》，神龟三年（520）三月刻，在慈香窟。正书，10行，满行11字。

《慈香造像记》拓片（清代拓本）

《慈香造像记》拓片（民国拓本）

《慈香造像记》拓片（20世纪70年代拓本）

《慈香造像记》拓片（翻刻拓本）

《慈香造像记》拓片（硅胶翻模拓本）

十三、《高树造像记》

全称《邑主高树和唯那解伯都卅二人等造像记》，正书 10 行，满行 14 字。书法峻整劲健，景明三年（502）五月刻。造像龛位于古阳洞北壁。记载邑主高树、解伯都等三十二人的邑社造像，共同祝愿仙逝父母及见存眷属的来生。与孙秋生二百人造石像同年同月完工，发愿文也大致相同。

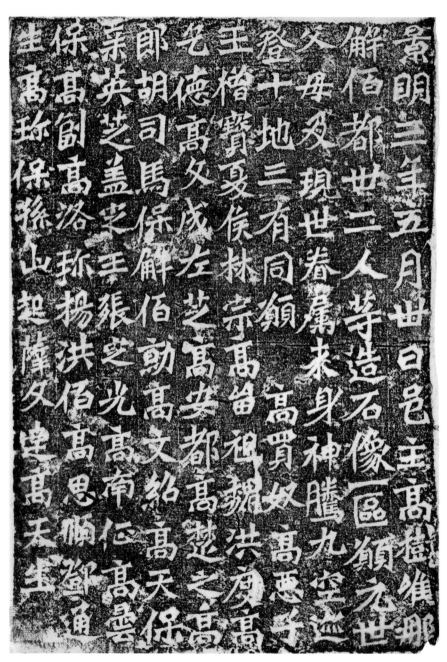

《高树造像记》拓片（清代拓本）

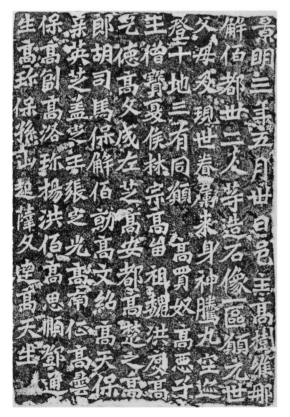

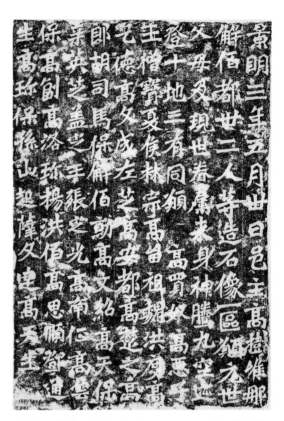

《高树造像记》拓片（民国拓本）

《高树造像记》拓片（20世纪70年代拓本）

《高树造像记》拓片（翻刻拓本）

《高树造像记》拓片（硅胶翻模拓本）

十四、《贺兰汗造像记》

全称《广川王祖母太妃侯为亡夫广川王贺兰汗造像记》，书法峻整隽永。景明三年（502）八月刻。在古阳洞顶部，正书，5行，满行10字。

《贺兰汗造像记》拓片（清代拓本）

《贺兰汗造像记》拓片（民国拓本）

《贺兰汗造像记》拓片（20世纪70年代拓本）

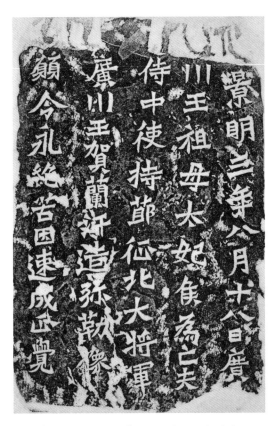

《贺兰汗造像记》拓片（翻刻拓本）

《贺兰汗造像记》拓片（硅胶翻模拓本）

十五、《元祐造像记》

全称《齐郡王元祐造像记》，熙平二年（517）七月刻。在古阳洞南壁。正书，16 行，满行 16 字。末为年款两行 9 字。

《元祐造像记》拓片（清代拓本）

《元祐造像记》拓片（民国拓本）

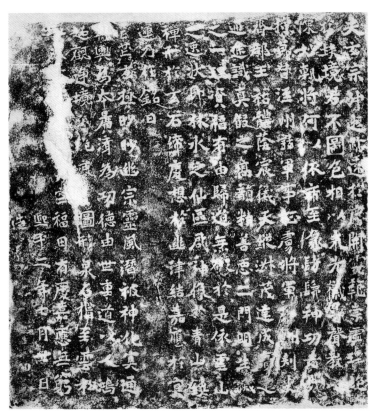

《元祐造像记》拓片（20世纪70年代拓本）

《元祐造像记》拓片（翻刻拓本）

《元祐造像记》拓片（硅胶翻模拓本）

十六、《比丘惠感造像记》

全称《比丘惠感为亡父母造像记》，正书，12 行，满行 5 字，书法沉劲方重，犹存隶意。景明三年（502）五月刻。在古阳洞北壁，文后另附有两行文字。

《比丘惠感造像记》拓片（清代拓本）

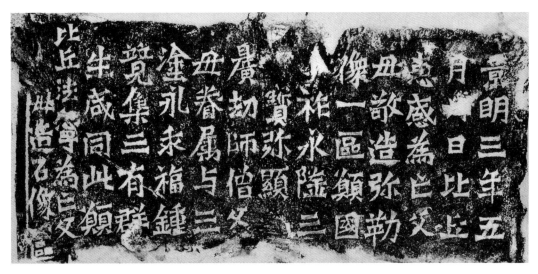

《比丘惠感造像记》拓片（民国拓本）

《比丘惠感造像记》拓片（20世纪70年代拓本）

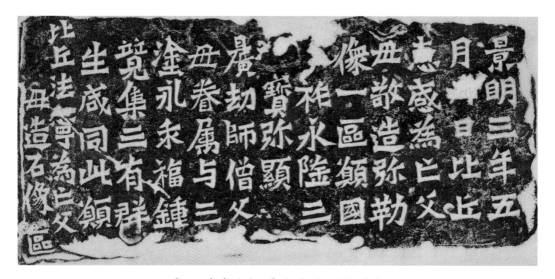

《比丘惠感造像记》拓片（翻刻拓本）

《比丘惠感造像记》拓片（硅胶翻模拓本）

十七、《道匠造像记》

全称《比丘道匠为师僧父母造像记》，无雕刻年月。正书，13行，满行7字。

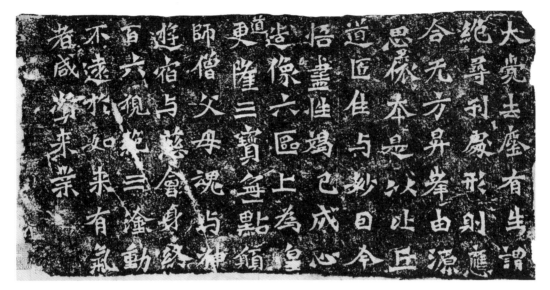

《道匠造像记》拓片（清代拓本）

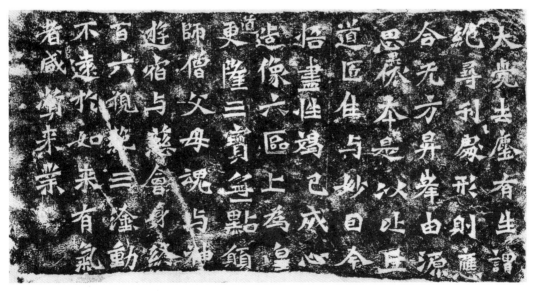

《道匠造像记》拓片（民国拓本）

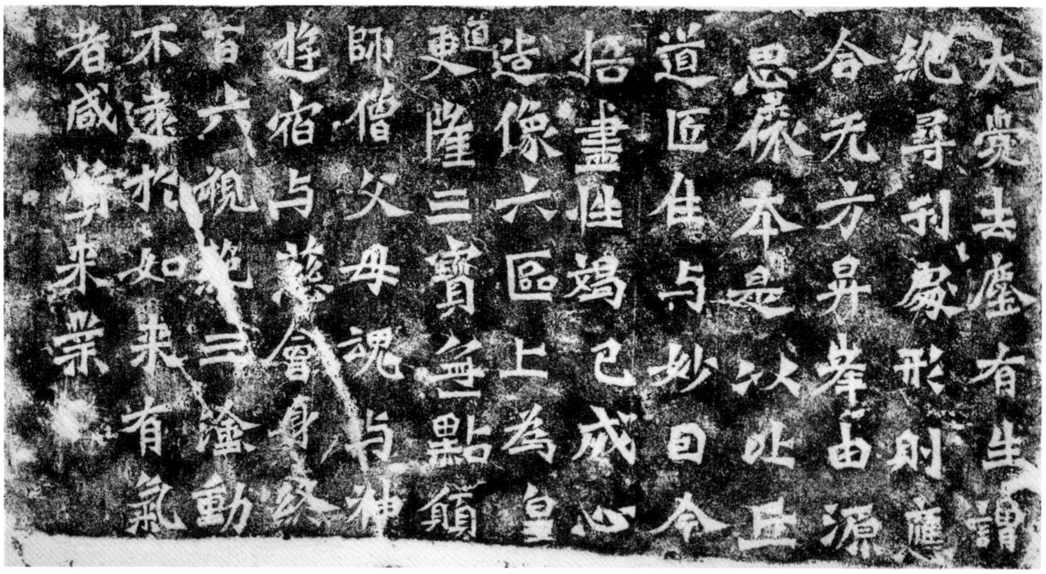

《道匠造像记》拓片（20世纪70年代拓本）

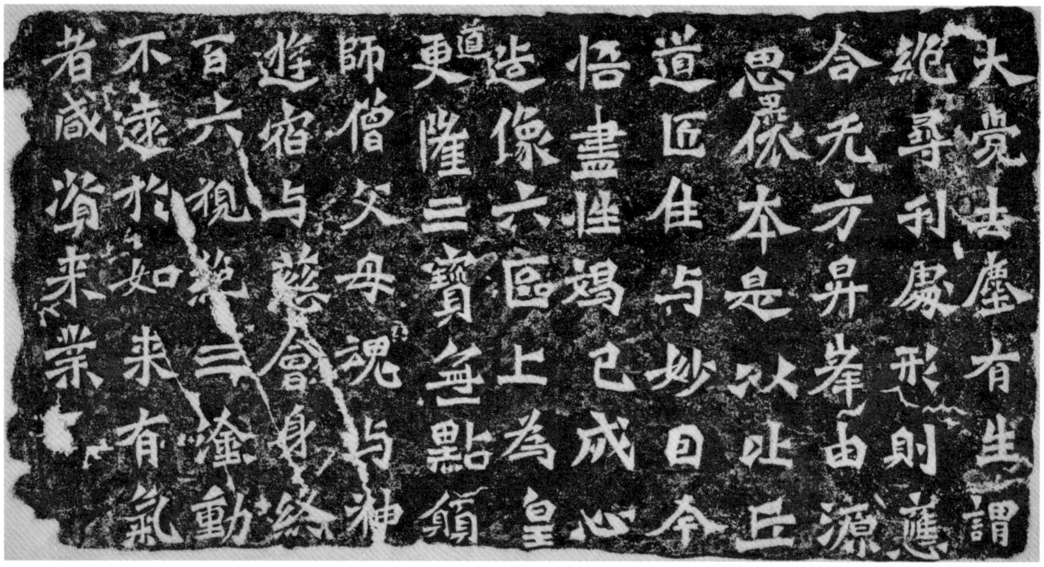

《道匠造像记》拓片（翻刻拓本）

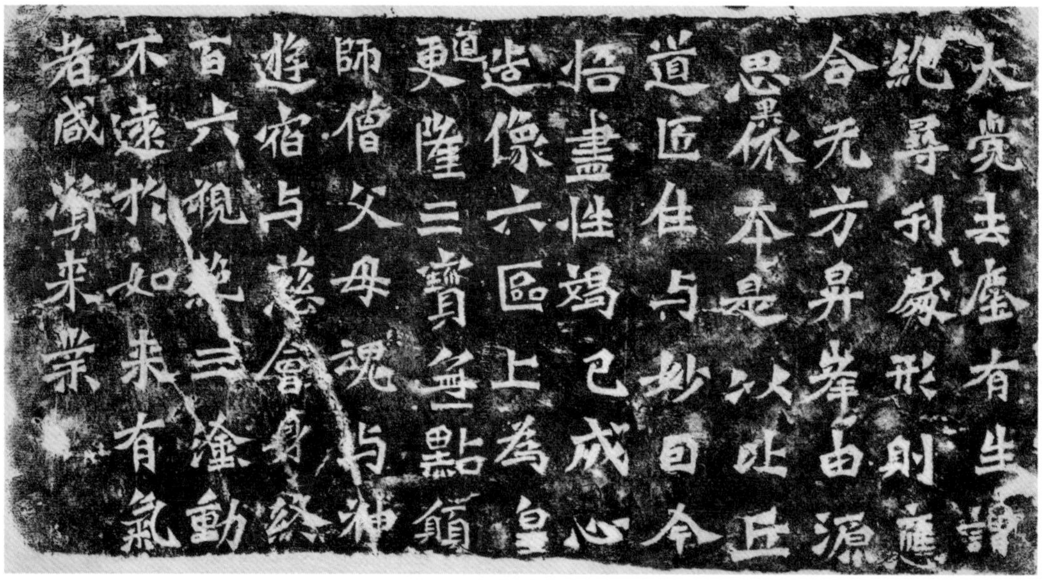

《道匠造像记》拓片（硅胶翻模拓本）

十八、《孙保造像记》

全称《北海王国太妃高为亡孙保造像记》，马子云先生《碑帖鉴定》称为《北海王国太妃造像记》。约刻于太和、景明年间，在古阳洞顶部，正书，5行，满行12字。造像龛位于窟顶偏北侧，与贺兰汗造像龛（相距约60厘米）和太妃侯造像龛呈三角状布于窟顶。

《孙保造像记》拓片（清代拓本）

《孙保造像记》拓片（民国拓本）

《孙保造像记》拓片（20世纪70年代拓本）

《孙保造像记》拓片（翻刻拓本）

《孙保造像记》拓片（硅胶翻模拓本）

十九、《解伯达造像记》

全称《司马解伯达造像记》，北魏太和间刻，在古阳洞北壁。正书，14行，其中第6至第8行，每行3字，余皆每行5字。

王壮弘先生《增补校碑随笔》修订本：旧拓本一字不缺。民国晚期被凿，近拓大损。八至十四行间泐廿六字，二、三、四、行首各泐一字，前后计泐廿九字。如二行"激"、三行"解"、四行"勒"等。最新拓本，首行"都"字又泐。

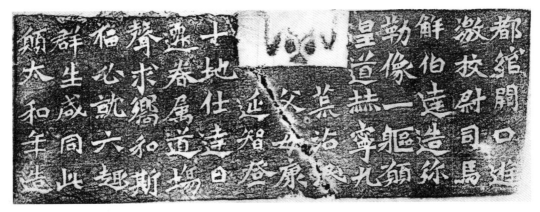

《解伯达造像记》拓片（清代拓本）

《解伯达造像记》拓片（民国拓本）

《解伯达造像记》拓片（20世纪70年代拓本）

《解伯达造像记》拓片（翻刻拓本）

《解伯达造像记》拓片（硅胶翻模拓本）

二十、《一弗造像记》

全称《步辇郎张元祖妻一弗为亡夫造像记》，正书，10 行，满行 3 字。造像龛位于古阳洞北壁，是"龙门二十品"造像龛之一，下方邻比丘惠感造像龛，是"龙门二十品"中最小的两个造像龛。

《一弗造像记》拓片（清代拓本）

《一弗造像记》拓片（民国拓本）

《一弗造像记》拓片（20世纪70年代拓本）

《一弗造像记》拓片（翻刻拓本）

《一弗造像记》拓片（硅胶翻模拓本）

二十一、《元燮造像记》

全称《安定王元燮为亡祖亡考亡妣造像记》，正书，13行，满行9字，书法俊美，结体古雅，正始四年（507）二月刻，在古阳洞南壁。

王壮弘先生《增补校碑随笔》修订本：稍旧拓本，七行"造释迦"之"造"字完好。

仲威著《中国碑拓鉴别图典》云："旧拓本，石面较平整。民国拓本，石面粗糙，字口外多麻点。"[1]

《元燮造像记》拓片（清代拓本）

[1] 仲威，《中国碑拓鉴别图典》，文物出版社，2021年版。

《元燮造像记》拓片（民国拓本）

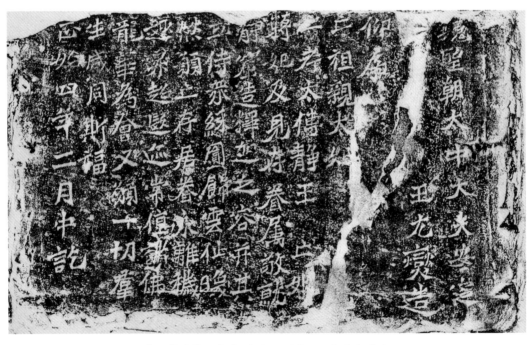

《元燮造像记》拓片（20世纪70年代拓本）

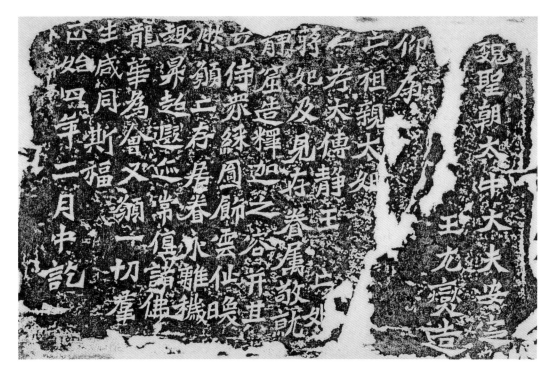

《元燮造像记》拓片（翻刻拓本）

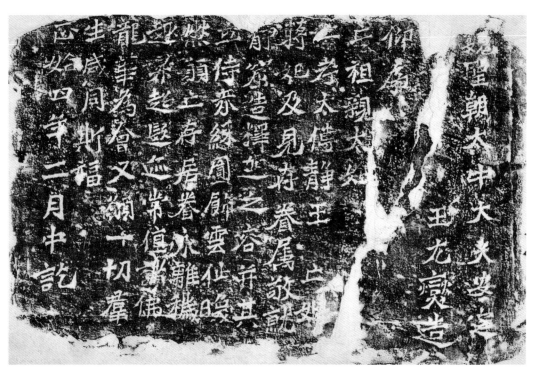

《元燮造像记》拓片（硅胶翻模拓本）

二十二、如何鉴定真伪拓本

碑帖鉴定，是指以科学方法分析辨别古代碑帖真伪、传拓时间、是否原拓与涂改以及翻刻、翻模、印刷等问题。"龙门二十品"拓本的真伪鉴定也同样如此。

人们往往称碑帖拓本为"黑老虎"，似乎鉴定碑帖十分神秘，高不可攀，实际并非如此。碑刻与法帖数量极多，其中重要者亦千余种。书刻时代不同，书法不同，传拓时代不同，损泐程度各异。所以要经常注意观察、校对、研究思考，便可逐步掌握。

就如，人各有其音，然而经常接触者，闻其声，便知其人，甚至能以足音辨人，熟悉其声音之特点便知其人是何人。如果熟悉碑帖特征，自可辨别其真伪。所以鉴定真伪，首先要见到原拓，也就是原石拓本。现在说一下"龙门二十品"各种版本的鉴定分类。

（一）原刻

直接书丹或者是墨迹勾勒上石后刻制的碑刻，称为"原刻"，原刻拓本都具有一定的收藏和研究价值。不过根据其拓本的珍稀程度、艺术价值以及完整程度等，原刻拓本的价值也有很大的差异。

（二）重刻

原石毁坏或者不存，以原石旧拓再次摹勒上石重新镌刻，称为"重刻"。重刻是对原石缺失的弥补，重刻的目的是真实再现原刻，历史上有很多著名的碑刻都是借助重刻版本保存了下来。

（三）翻刻

原石尚在，但拓本难得，为了使之普及流传，满足书法爱好者的需要，便依据旧拓本再刻，故称为"翻刻"。碑帖翻刻的情况极为普遍，大凡历史上比较著名的、书法价值较高的碑刻都有翻刻本传世，而且大多不止一种翻刻本，所以翻刻本的数量是巨大的。"龙门二十品"同样如此。

（四）伪刻

伪刻，是在无原刻或原刻拓本的情况下，根据史料记载的一些碑文或诗文、故事，捕风捉影，杜撰成文，然后臆想古人笔意，凭空捏造而成的碑刻。在其他刻石上有类似现象，如伪刻汉代的《朱博残碑》等。"龙门二十品"没有伪刻。

（五）硅胶翻模

硅胶翻模是最近十几年才出现的，主要应用于博物馆及官方文博单位，是为了保护原石而采取的一种措施。由于是从原石翻模，其效果非常逼真，通过传拓几乎与原石无异，对书法临习以及研究起到了很好的作用。但是终归不是原石拓本，收藏价值和文物价值有很大的区别。"龙门二十品"的翻模始于 20 世纪 90 年代,此时《魏灵藏造像记》《解伯达造像记》已经损毁,翻模的拓本亦是现在的样子。翻模与原拓的区别在于拓纸的反面光滑,没有石头的质感。因为翻模是硅胶,不透水分,拓本就没有呼吸感,正面的拓墨也没有石质的感觉,所以要鉴定是否为翻模,多看原拓,自能分晓。

(六)微喷印刷

随着科技的发展,仿真印刷代替了过去的珂罗版石印,通过扫描、高清晰拍摄,所印制的拓本更加真实,在学习上起到了很大的作用,除了没有文物价值以外,将其用于临习、研究、考据都没有问题。此外,对金石学的普及和推广也有很大的意义。

二十三、鉴定方法

由于碑帖历来价值不菲,善本碑帖更是价格高昂,因而在利益的驱使下,碑帖市场出现了大量赝品,在拓本上做手脚更是常见,其目的无非是以次充好,以新做旧,以低廉的成本获得高额利润。各种碑帖赝品的出现,使得碑帖鉴定成为必要。

(一)目鉴法

就如书画的鉴定方法。通过观察拓片所用纸墨的年代以及传拓方法来确定年代,观察石花、裂痕的残损程度。如清"龙门二十品"多用黄棉纸、薄皮纸传拓,民国时期多用白棉纸传拓,近拓皆用宣纸。

(二)校碑考据法

通过校碑对碑帖拓本进行考据鉴定,将不同版本放在一起互相比对,根据异同区分原刻还是翻刻。根据《校碑随笔》《增补校碑随笔》《碑帖鉴定》《善本碑帖录》等资料校对。

(三)文献考据法以及其他辅助鉴定方法

关于"龙门二十品"的各类古今资料、文献、著录,都会起到一些辅助鉴定的作用。另外还有名人的题跋、印鉴、装裱材料、装裱形式和工艺等。

在"龙门二十品"拓本鉴定中务必要牢记,碑帖本身的真伪,才是价值的所在,在借鉴前人经验的同时,不要过分迷信前人的结论。在科技极度发展的今天,鉴定手段也在不断进步,但很多方法不适合于碑帖。所以目鉴和考证依然是今天碑帖鉴定的主要方法,二者相辅相成,缺一不可。有了理论基础并在实践中不断积累经验,必定有所收获。

(本章由金石碑帖收藏鉴定专家、金石传拓技艺传承人张志亮撰写)

第五章 「龙门二十品」拓片

《始平公造像記》拓片及題跋

《孙秋生造像记》拓片及题跋

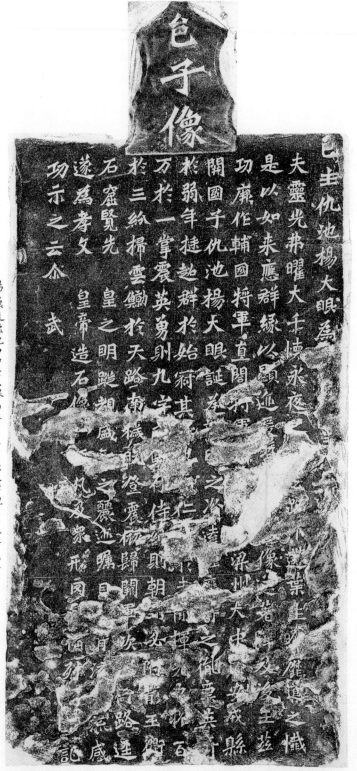

《杨大眼造像记》拓片及题跋

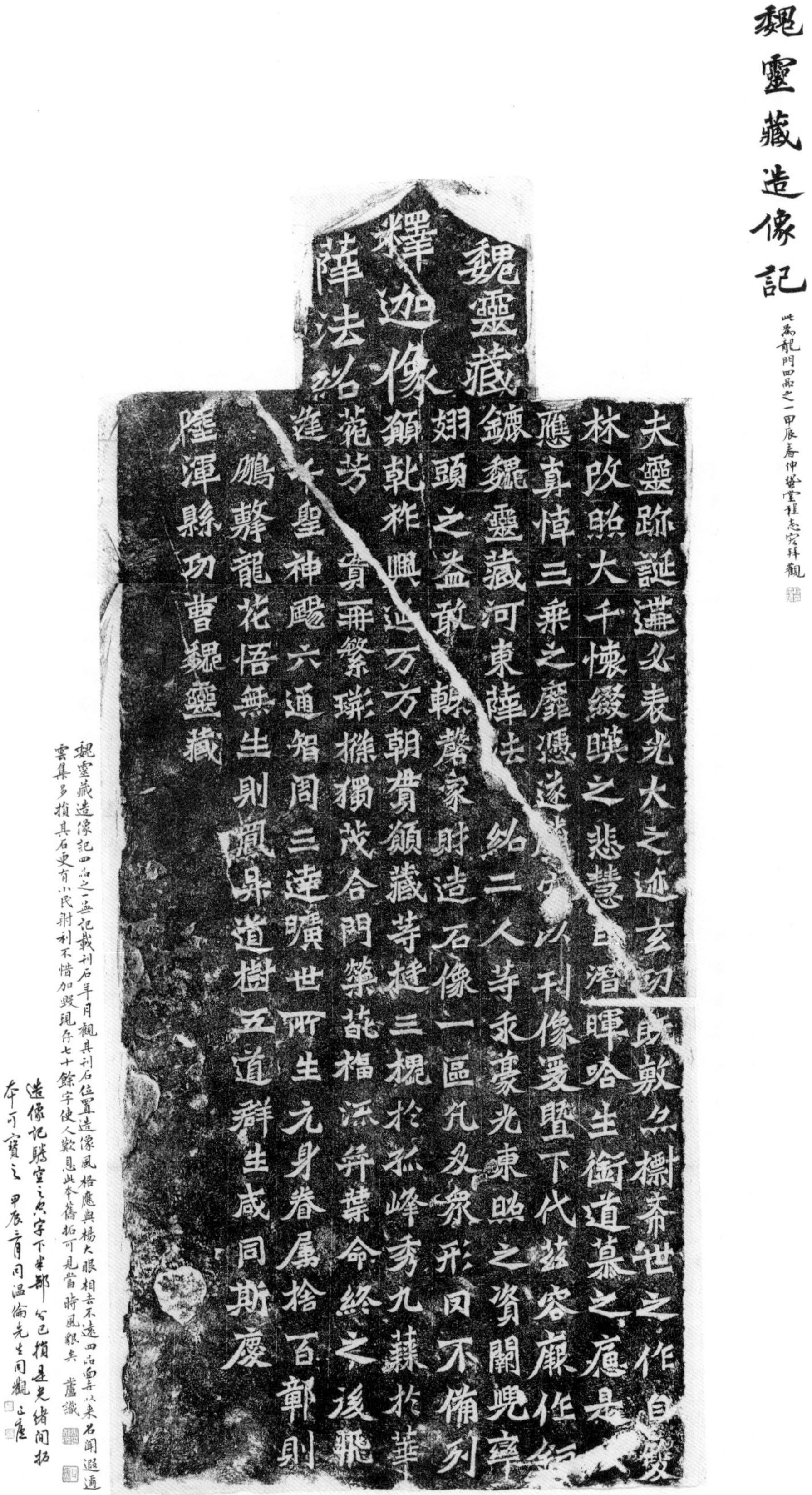

魏靈藏造像記

此為龍門四品之一甲辰春屬伊蔡霆在志宏拜觀

釋迦像　魏靈藏
薩法紹　翊頭之益敢

夫靈跡誕遁必表光大之迹功民敦丠標蓋世之作自發
林攺照大千懷綴暎之悲慧曰潛暉唅生衡道慕之瘋是人
應真悼三乘之龕憑遂以刊像愛暨下代茲容廓作紹
陸渾縣功曹魏靈藏鐫魏靈藏河東陸渾去紹二人等求摹光之資關兄
鵰聲龍花悟無生則鳳異道樹五道群生咸同斯慶
蓮大聖神颺六通智周三達曠世所生允身眷屬捨百鄲則
菀乾祚興迴萬方朝貢頷藏等捷三槻福派并葉命終之後飛
苞芳蒨搓獨茂合門繁盉福於孤峰秀九蒹於華
頭之益敢懷綴暎之悲慧曰潛暉唅生衡道慕之瘋是人

《魏灵藏造像记》拓片及题跋

長樂王丘穆陵亮夫人尉遲為亡息牛橛造像記 鑒程志宏題扁

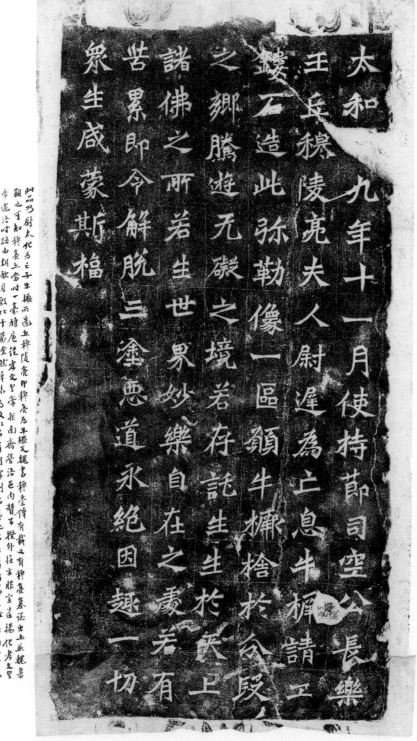

太和九年十一月使持節司空公長樂王丘穆陵亮夫人尉遲為亡息牛橛請工鏤石造此彌勒像一區頭牛橛捨於人之鄉騰遊无礙之境若存託生生於天上諸佛之所若生世界妙樂自在之處若有苦累即令解脫三塗惡道永絕因趣一切眾生咸蒙斯福

此乃尉太化為亡子牛橛所造丘穆陵亮甲穆陵亮為牛橛之魏書穆案傳有戴文有穆亮墓誌出丘穆亮之可知穆亮之當時一豪雄庵記卷文里帝拓南齊營冶邑內讚万撐外拒方服宣違揚化者文墨布遠治昨跟月殷比丘墓憶此悼揚為文之前肓刊碑到名原之名店首行卷三位具興為文
今說詳樂之北世武見觀書載其子興卜丘牛橛與亡子興卜牛橛太北世文一致碑晃墓誌渓書當人今石任質書七誌庵興墓為一門三石之美鑑也甲辰上巳後拾日涧叟
乙酉間世見加生甲辰三月清邑元甫

文明的微笑：「龙门二十品」特展

140

《牛橛造像記》拓片及題跋

造像龕在洛陽古陽洞北壁長樂王丘穆陵亮夫人尉遲造像龕上方
記元詳造像為龍門造像記之一 甲辰三月 張延安識

元詳造像題記凡十行滿行十六字為古陽洞甲元魏宗室題記字數最多者元詳為獻文帝第七子題書有傳古其美姿容善騎射為高祖所愛太妃郵生康為海廣藥舟雙楫云龍門造像廊遠則云元詳造像其結字寬博斜出伸展非惟祇見方峻送容齣展閒目其雄容氣象北魏制石多品銘石書寫之時謂邙山體古陽洞謫制志雄賦一時家釦 甲辰三月醫室程地定又題於性慈

維太和之廿八年十二月十一日皇帝親御

六雄南代蕭逆軍國二容別於洛汭行留兩旬

於北開水太妃以聖善之現戎途捄弟子

以資孝之心戈言奉淚其曰太妃還家伊川立

頓母子平安造弥像一區以置於此至廿二

年九月廿三日法容畢即造福鐫石長心

奉申前志水頓母子長遊化手眷令兩水終始

榮期一切群生咸同其福

維太魏太和廿二年九月皆侍中護軍將軍北海王元詳造

此北海王元詳造像記也民國八年為邢山耕之起今西端就田者長法故事可以識之者立庵塍摹文皇帝南征記立維太和之廿八年十二月十日皇帝親御六雄南伐蕭逆親老記時間為太和卄八年十有二月辛卅朔太和十年十二月辛酉朔日辛亥恰為十日起記以近史合也武軍出北汭景記立軍國二容別於洛汭行留兩旬日音當守也行至西汭軍書六容刮於洛汭行留為音分析閒外西溜軍者六容國二宮威特支訪考皇帝曾辭五日晃天尹臺不曜江至不偶郢來然一時音情畫自前記造像將長生動一釣百尋凡起立太和卄廿九月九個月內此具體之刊造時閒記戴至十分鐫謹造其朗魏觀日廉遠則曰元詳造像廉逆送端雄中出小一般俗手工匠潯可為也又曰元詳藝亦平元辛刊民國几年洛陽出土待他日收一拓本又可以補一段故事矣 甲辰三月二唐張刊安識

《元詳造像記》拓片及題跋

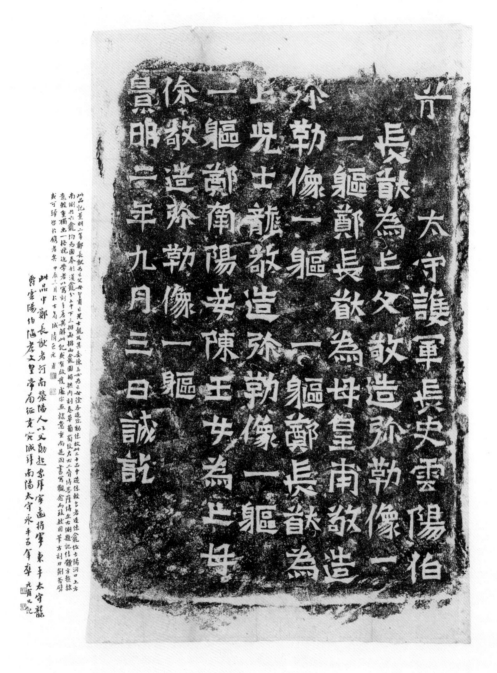

雲陽伯鄭長猷爲亡父等齰像記

當在甲辰上巳後一日鬱林程志宏題 [印]

此品記景明二年鄭長猷爲亡父母皇甫氏造... [右側題跋文字]

此品中鄭長猷者河南滎陽人亡父勳起家拜... [左側題跋文字]

齊雲陽伯陽孝文皇帝南征克定城拜南陽太守永平... [左下題跋文字]

《郑长猷造像记》拓片及题跋

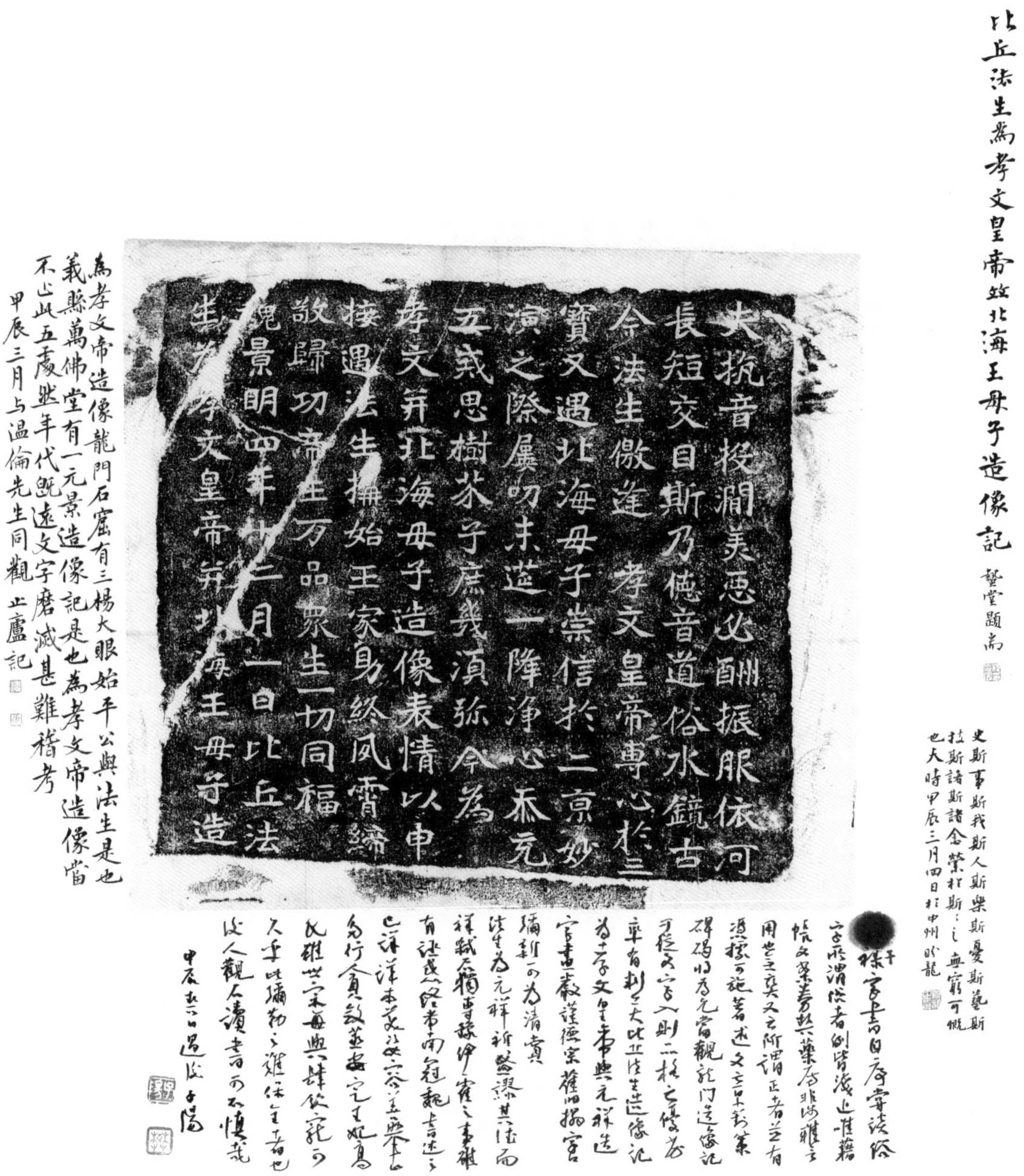

為孝文帝造像龍門石窟有三楊大眼始平公與法生是也
義縣萬佛堂有一元景造像記是也為孝文帝造像當
不止此五處惜年代既遠文字磨滅甚難楷考
甲辰三月與溫倫先生同觀止廬記

大抵音校澗美惡必酬振服依河
長短交曰斯乃德音道俗水鏡古
今法生徽進孝文皇帝專心於三
寶又遇北海母子崇信於二京妙
演之際屬叨未遂一降淨心未冗
五歲思樹荼子庶幾須彌今為
孝又并北海母子造像表情以申
接遇法生摠始王家易終鳳霄繡
敬躡景明四年十二月一日比丘法
兜景明四年十二月一日比丘法
生為孝文皇帝並北海王母守造

《比丘法生造像記》拓片及題跋

邑主馬振拜維那張子成廿四人為皇帝造像記

此造像原不入二十品後取為優填王而代之具性於古陽洞窟頂寫刻草草刻具甚拙之脈　程堯記

《馬振拜造像記》拓片及題跋

廣川王祖母太妃侯造像題記

《太妃侯造像记》拓片及题跋

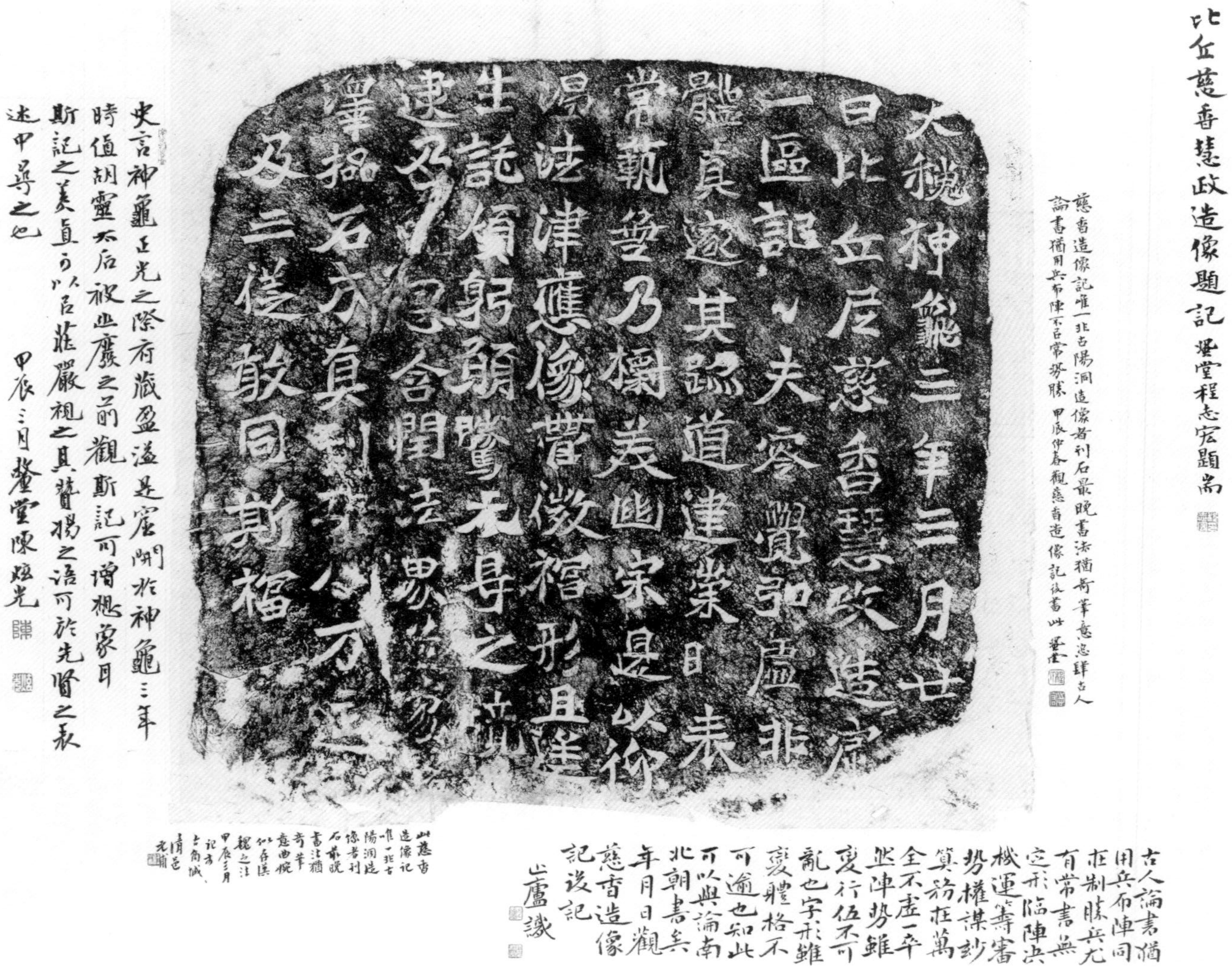

《慈香造像记》拓片及题跋

高樹唯那解伯都卅二人等髑像題記

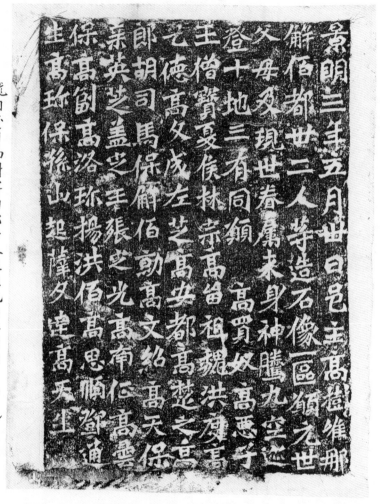

龍門水有高對解伯都卅二造像記與此相類乃偏任也不知此家原住何人哧亦不知何人哧住理可類推而事不得詳解衷我此真品也在古陽洞此辟此記与孫秋生造像記同月完工同在一洞南此呼應可謂奇事也
甲辰三月四日与溫倫先生同觀　盧識

《高树造像记》拓片及题跋

侯太妃造像記二十品中有二賀蘭汗造像
中賀蘭汗為二代廣川王如是例章法平穩戈是書手
有教者那抑望閒尒平隨勢而生那待訪而求之
甲辰乭後二日醫盦程忠安觀造

景明三年八月十八日廣
川王祖母太妃侯為亡夫
侍中使持節征北大將軍
廣川王賀蘭汗造孫敬像
顧令永絕苦因速成正覺

景明四年七月初為廣川
王靈遵造彌勒一軀熙題
書記戴第三代廣川王為
靈遵為廣川王孫襲之且靈遵諡號為襄
如此則造像記與墓誌相呼合而楷魏書之闕戴此甲辰之春所撰記之

少数民族與漢隆之研究明
其人名地名重變圆陶古
代少数民族名字譯音受
古楷同素名字譯常受
咸雄言秋文字原關談
造有是墨原測集同金談
非伏彼院名戴之原測
咸言賀蘭汗蓋賀蘭汗如是
之物與正大佳合而结論
甲辰三月 清邑元甫記

出造像記筆
法似行出上下
損戈完出厚
石鼓之歟柳
壁間不平石隨
勢而生頗狗湯
而求之
甲辰潤月卷

《賀蘭汗造像記》拓片及題跋

齐郡王元祐造像记 甲辰上巳後蜇庐程志宏题耑

《元祐造像记》拓片及题跋

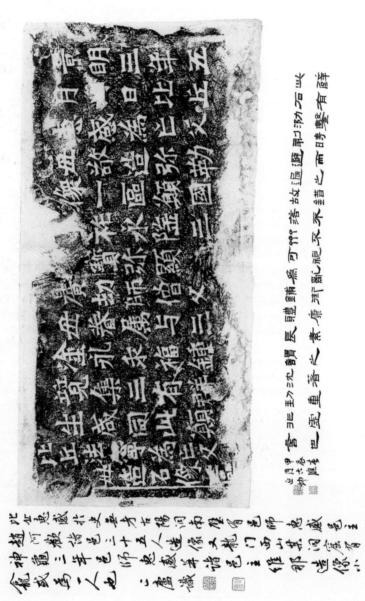

《比丘惠感造像记》拓片及题跋

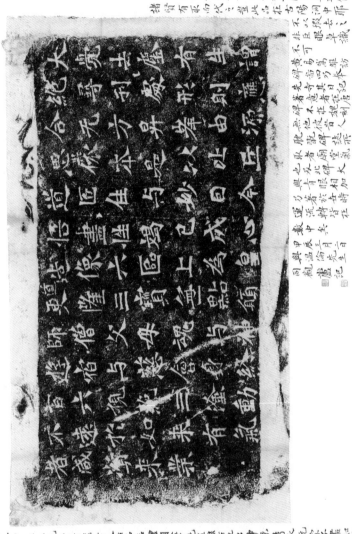

《道匠造像记》拓片及题跋

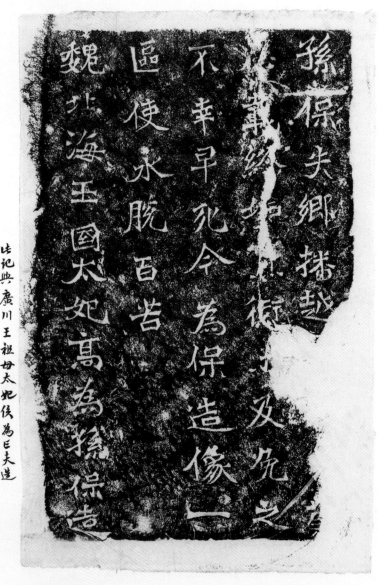

北海王國太妃高為亡孫保造像記

太妃為北海王元祥生母高椒房元保為元祥早夭子親書北海王祥傳未見
元保此記又可補魏宗譜之闕
甲辰三月鬘座程志宏觀造記

此記與廣川王祖母太妃俟為亡夫造
弥勒龕廣川王祖母太妃為亡孫造弥
勒龕鼎造三丘北窟頂可稱三施 甲辰三月 安方

此高太妃造像記
昆高太妃為亡孫
元保所造 太妃為
北海王元詳的生
母高椒房元保
為元詳早夭子
造像記中記載
孫保失鄉不幸
早死今為保造
像一區連永脫百
苦魏北海王國太
妃高為亡孫保
造與魏書北海
王詳傳不同史
傳所附元詳子
有二為元顥祖
元瑱而未見元保
可補宗室之闕
甲辰春月
六順人正坤

《孫保造像記》拓片及題跋

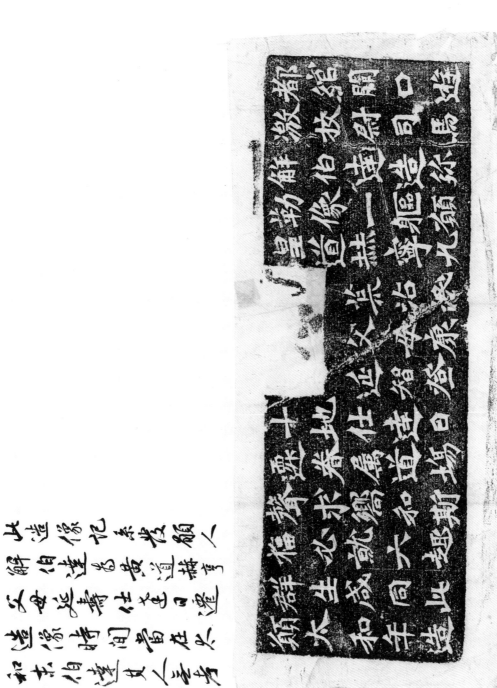

解伯達造像記

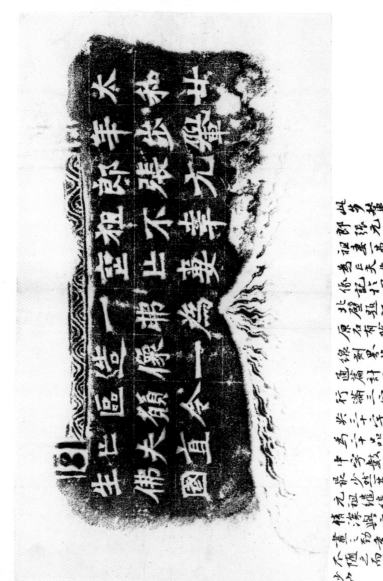

步輦郎張元祖妻一弗為亡夫造像

《一弗造像記》拓片及題跋

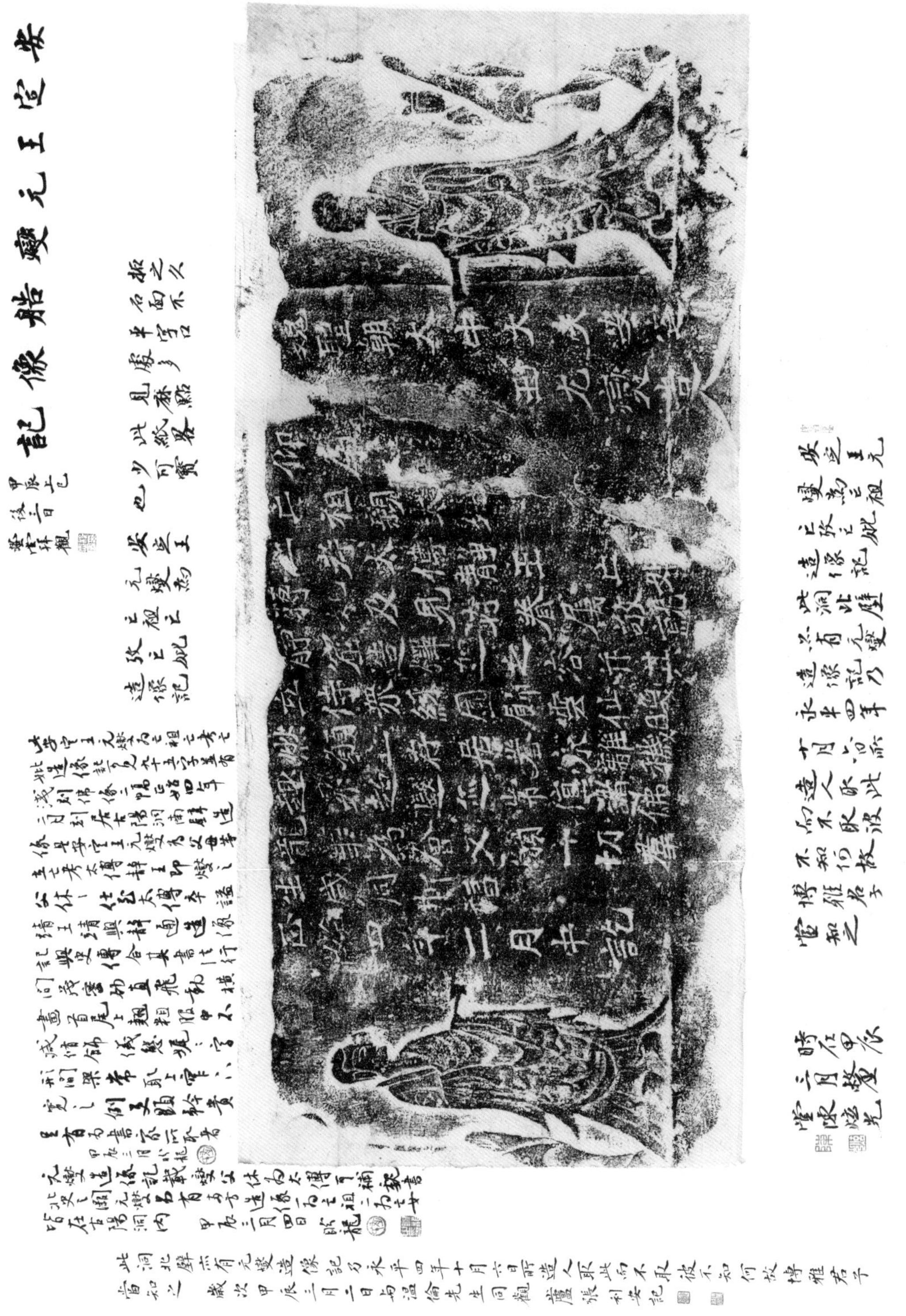

《元燮造像记》拓片及题跋

后 记

2024 年 4 月底，全国第十三届书法篆刻作品展的隶书、楷书部分将在河南郑州举办。为进一步拔升本次国展的高度和深度，同时挖掘和展示河南省丰富的古代隶书、楷书碑刻资源，河南省文联决定为国展配套三个专题展览，分别是："汉字中原——汉三阙暨豫地汉隶名碑精粹展""文明的微笑——龙门二十品特展""从法度到意趣——千唐志斋隋、唐宋志书精粹展"。三个特展将河南省内古代代表性隶书、楷书石刻遗存以配套图书、实物复制、影像资料、碑刻拓片题跋等多种形式集中呈现出来，将为此次国展增添丰富且厚重的色彩。

在精心策划三个配套展的基础上，为了使观众更好地体验三个配展，更深入地了解中国传统书法艺术魅力，更全面地品味中原文化的博大精深，河南省文联决定为每个配展编写一本专题介绍的书籍，通过大量文字讲解和图片细节，为展览再加持一道学术的光辉，使展览效果更趋完善。

工作确定下来后，2024 年 2 月 6 日，农历癸卯腊月廿七，在河南省文联大楼三楼"文艺之家"会议室，召开了十三届国展河南展区配展协调推进会。省书画院、河南美术出版社、郑州市美术馆、洛阳市书协、千唐志斋博物馆等单位及多位在郑参与撰稿人员参加了会议。会上确定了配展工作初步方案，决定依托嵩山"汉三阙""龙门二十品"、千唐志斋河南三大经典书法品牌，创新展览形式，利用高清化、影像化和数字 3D 等技术手段，全面立体诠释十三届国展隶书、楷书的展览主题。同时，分别成立三个书稿撰写小组，要求利用春节假期即刻展开前期准备工作，在时间紧迫、工作量繁重的情况下，力争保质保量完成任务。

文明的微笑：「龙门二十品」特展

各小组领到任务后，便迅速投入工作。实地考察、拍摄图片、收集文献、查找资料等工作都在忙而有序状态下展开。书稿的撰写是一个认真严肃的过程，既要梳理整合已有的研究成果，又要依据新的角度、新的发现，产生新的观点和结论。总之，在巨大压力下的撰写过程是繁杂的，争论也是经常性的，且框架的调整、图版的更换、语句的斟酌更是频繁出现，当然，更多的是充满了著述的成就感和深入参与重大活动的欣喜和使命感。经过多轮审视调整和数易其稿，三册书籍最终付梓，呈现在大家面前。

在紧张的两个多月的时间内，河南省文联、河南省书协领导作为活动的组织者，给予了全体工作人员极大的鼓励和强有力的支持。所有参与文稿撰写的人，参与书籍设计出版的人和参与展览策划制作的人，无论是执笔者还是辅助者，都最大限度地奉献了个人的业余时间和精力，因为大家都有着共同的目标任务，更有着相同的炙热情怀。

在这篇后记的最后，河南省文联、河南省书协还是要对一些单位、组织和人员一并表示最衷心的感谢！感谢河南省书画院、郑州市美术学院、洛阳市文联、河南美术出版社、南阳市书协、千唐志斋博物馆、龙门石窟研究院、洛阳美术馆金石艺术部、洛阳应天门美术馆、洛阳华夏金石文化博物馆等单位和组织的大力支持。感谢参与书稿资料收集及文字录入的马金波、李冠序、李建坤等同志的无私付出。负责拓片扫描、图片拍摄、展览策划的逯南同志带领团队一直奔波在基础性资料收集的第一线，认真细致，不辞辛苦。温伦同志以极高的责任心，整理出整套拓片题跋文字殊为不易。

众人拾柴火焰高，虽然这三本书中的观点和论述也可能因考证不充分或表达不完整出现一些瑕疵和不足，但在时间极为紧迫情况下，从立项到出版有此工作成果，无疑是值得高兴和肯定的。我们可以欣慰地说，这是十三届国展河南展区的一个亮点，更是一项难得而宝贵的展览遗产。

2024 年 4 月 16 日